«PANDORA»

ELISABETTA CIRILLO

COME CAPITA LA VITA

Sperling & Kupfer

Pubblicato per

Sperling & Kupfer

da Mondadori Libri S.p.A.

COME CAPITA LA VITA

ISBN 978-88-200-6785-4

I Edizione maggio 2019

Anno 2019-2020-2021 – Edizione 1 2 3 4 5 6 7 8 9 10

Dedico questo libro a mio marito, mi piace pensare che le mie parole ti abbiano chiamato a me, perché sei tu che ho disegnato senza saperlo e sei tu che sei arrivato alla mia porta, e per fortuna.

1

La sveglia suona impietosa alle sei di mattina. In qualunque altro momento l'avrei rinviata, ma oggi più che mai salto giù dal letto piena di entusiasmo.

Ho sedici anni e sto per iniziare il mio primo giorno in una scuola nuova. È un liceo classico privato con una sperimentazione artistica, sia io che mia madre abbiamo fatto carte false per potermi iscrivere, e ora, finalmente, ci siamo. Il sogno sembra essere a portata di mano. Sono talmente emozionata che dimentico la paura – la paura del nuovo, dei compagni che non conosco, del lungo tragitto in autobus per attraversare la città. Dimentico tutto perché sono immersa solo nelle possibilità.

Ma prima, il presente.

Scendo in cucina, dove la mamma, avvolta in una vestaglia di pesante cotone azzurro, mi dà un bacio con gli occhi ancora semichiusi, stropicciati.

Senza dire una parola, mette sul fuoco una moka e

prepara il caffè per entrambe. Su un piatto c'è una brioche alla marmellata di albicocca comprata alla forneria sotto casa.

Il pensiero di mia madre che esce all'alba per comprarmela mi commuove: tra non molto lei dovrà uscire per andare a pulire gli uffici di un'azienda di ingegneri arroccati in un'altissima torre; oggi è un'eccezione, di solito a quest'ora sarebbe già uscita di casa.

Le sono molto grata per questa coccola. Anche se abbiamo tantissimo sonno e non riusciamo a parlare, è sufficiente questo piccolo gesto a sottolineare che stiamo condividendo un momento importante.

Gustata la colazione, do un bacio silenzioso alla mamma e mi avvio in camera. Mi pento di non essermi preparata un abbigliamento adatto per oggi, come se non sapessi che il primo impatto è fondamentale: questa potrebbe essere finalmente l'occasione di smettere di essere la reietta della classe, come sono stata invece per i primi due anni di ginnasio nella vecchia scuola.

«Cecilia Marcilia», questo era il mio soprannome greco-romano secondo i miei «colleghi». Non molto fantasiosi, bisogna ammettere, ma d'altra parte, che cosa aspettarsi da un gruppo di sedicenni col moccio al naso che hanno bisogno di sminuire qualcuno per sentirsi importanti?

Non so perché dico «col moccio al naso» come se avessi trent'anni.

In effetti, mi sento trent'anni da tutta la vita, e non lo dico per essere presuntuosa: è semplicemente un dato di fatto. Sono nata così.

Non è un caso che essere inserita in questo liceo classico privato con una sperimentazione in storia dell'arte e laboratori di pittura creativa sia per me una gioia immensa: sono consapevole che questo genere di cose non procuri emozioni alla maggior parte dei miei coetanei.

Ma io, nella vita, voglio creare, voglio essere un'artista. Dalla prima volta in cui la mamma mi ha portata a vedere i Musei Vaticani, ho capito che vivere a Roma era un privilegio, immersa nella città eterna, con libero accesso a un incredibile numero di meraviglie. Al di là di ogni possibile elucubrazione, ho sentito smuoversi dentro di me emozioni che non pensavo potessero esistere, mi vibrava l'arte dentro.

Passeggiavo per le meraviglie dei Musei Vaticani e ho deciso che avrei realizzato qualcosa anche io.

Tutti bellissimi pensieri, tutti molto alti, ma per ora sono ancora seduta sul letto a cercare di capire se i jeans che sto per mettermi renderanno i miei glutei più o meno attraenti. Scelta che, badate bene, non è dettata da vanità, bensì da spirito di sopravvivenza: più i miei glutei saranno giudicati attraenti, più gli esponenti maschili del branco mi faranno avere vita facile – Dio sa quanto ho sottovaluto questo aspetto nella mia scuola precedente.

Decido di infilare un semplice paio di jeans skinny e una camicia bianca lunga. Sono dettagli che ti si imprimono nella memoria come colla.

Trovo finalmente il coraggio di uscire di casa e mi siedo sull'autobus, in disparte, guardo il paesaggio oltre il finestrino pregando che nessuno mi rivolga la parola. Una volta arrivata a scuola, entro in classe allo stesso modo, sorrido, ma al pavimento.

Non oso chiedere a nessuno dove posso sedermi. Finisco nell'ultimo banco rimasto libero: sono in prima fila, ma non mi dispiace, ho un piano da seguire. Sono in questa scuola per un motivo, e poi c'è tempo per fare amicizia, ci sono la pausa, la ricreazione, il dopo scuola. Queste sono le storie che mi racconto per prendere tempo prima di accettare che, inevitabilmente, in questa scuola non sarà diverso rispetto a quelle che ho frequentato in precedenza; lo so perché sono consapevole del fatto che io non sono cambiata, e dunque difficilmente potranno farlo le circostanze in cui mi trovo.

Non posso fare a meno di notare quanto le mie compagne siano più preparate di me a questo gioco: avvolte in corte gonne a pieghe e piccoli blazer stretti in vita, sembrano già dei mini avvocati in carriera.

Io sembro quella che sono: una donna-bambina in un corpo di adulta, una ragazzina spaesata e timida a cui manca quella punta di incoscienza che contraddistingue la giovinezza permettendoti di lasciarti andare, di essere bullo quando in realtà sei pecora e, più sei pecora, più ti armi da bullo.

Io quella cosa non l'ho mai avuta, sono sempre stata solo ciò che ero, con poca capacità di fingere.

La professoressa mi presenta con poche parole: «Ecco la vostra nuova compagna! Cecilia Colonna». Io sorrido educata rendendomi conto che non sarà sufficiente il mio sorriso a trecento denti a tirarmi fuori da questa situazione, e infatti la professoressa continua imperterrita: «Prego, Cecilia, alzati pure e di' due parole di presentazione ai tuoi compagni».

Mi liscio pieghe immaginarie sulla camicia mentre faccio un profondo respiro e mi alzo rivolgendomi alla classe. Nel farlo do un colpo al banco, che quasi cade a terra. Tutto normale, mi dico alzando gli occhi al cielo. «Ciao a tutti, il mio nome è Cecilia, mi sono appena trasferita da un altro liceo classico, e... niente», non sapendo come finire, faccio un gesto di sconfitta con le spalle e mi risiedo. Se non altro, adesso è chiaro a tutti che non sono una minaccia.

La professoressa inizia con una lezione di ripasso sui tempi verbali latini e io, forte della mia istruzione, posso lasciarmi andare a fantasticare guardando il sole che gioca con le nuvole fuori dalla finestra. Dopo un lasso di tempo apparentemente infinito arriva la ricreazione, il mio stomaco ha iniziato a farsi vivo già da un po'.

Appena suona la campanella, tutti si catapultano in cortile. Per avere qualcosa da fare e per riempire il mio stomaco affamato, vado a comprare un trancio di pizza al bar della scuola. Le mani in tasca, il bavero alzato, fingo di non essere disturbata dal fatto che nessuno, assolutamente nessuno, mi abbia ancora rivolto la parola, ma già mi sento addosso sguardi perplessi di pietà. Per evitarmi ulteriori umiliazioni, torno a consumare il mio cibo in classe, seduta al mio banco, dove nessuno può vedere la mia solitudine.

Per fortuna ci sono i lettori di mp3, così posso almeno fingermi impegnata ascoltando un po' di musica. Non ho bisogno degli altri, ho solo necessità di una scuola che mi prepari al mondo, che mi insegni a dipingere, a usare la mente. Via il resto. Via soprattutto le ragazzine con la borsa di Chanel a scuola: sarebbe contro la mia natura ottenere la loro approvazione.

Mentre formulo questo pensiero, entrano proprio loro, il gruppo delle *mean girls* – «Di mercoledì noi vestiamo di rosa», chissà quante regole alle quali non ho mai nemmeno pensato – e si siedono dietro di me: tre bionde, splendide come puoi essere solo quando sei così giovane e inconsapevole, ancora non toccato dalla violenza della realtà.

Io ho la loro stessa età, eppure un pizzico in più di realtà l'ho vista: il quartiere in cui sono cresciuta ti espone alla vita, ma anche il fatto che mia madre mi abbia cresciuta da sola, senza mio padre – che vive lontano e passa a trovarmi solo ogni tanto – ha contribuito. Insomma, qualcosina in più rispetto ai miei compagni di classe ho la presunzione di saperla. Forse è questo che ci separa, le classi sociali. E poi la mia mancanza di grazia: mentre le altre adolescenti sembrano dei cigni bellissimi, io ho ancora forma d'oca e non capisco...

Imputo la distanza, che si fa sempre più invalicabile ogni ora che passa, a cose così superficiali, mentre in realtà si percepisce che sono soprattutto io che non voglio avere a che fare con questi ragazzi, voglio solo studiare e andare a casa dai miei veri amici, i libri.

Si crea presto una routine per cui ogni giorno torno a casa, ceno con mia mamma, che ogni sera prepara qualcosa di diverso e gustoso, con il sorriso stampato in faccia.

«Come è andata a scuola, amore?»

«Benissimo, mamma! Pensa che oggi era il compleanno di Marilisa e abbiamo festeggiato tutte insieme.»

Piccole bugie che invento per tenerle compagnia, per non appesantirla di pensieri inutili. Sapere che in realtà non parlo con nessuno a scuola, tranne con le bidelle, la riempirebbe di preoccupazioni. Così è molto meglio: tutto il peso su di me. Questo lo so gestire.

Passati un paio di mesi, la professoressa ci assegna un tema ad argomento libero. Decido di intitolarlo «Sogni di domani». Ogni volta che c'è un tema da svolgere, ne vengono scelti alcuni da leggere ad alta voce e poi commentare tutti insieme. È inutile dire che io mi sono sempre rifiutata, fino al fatidico giorno in cui vengo, come si suol dire, «fatta volontaria» dalla professoressa.

Quando chiama il mio nome, ci metto un attimo a capire che cosa comporti. Mi alzo dopo un lasso di tempo sufficiente a rendere il momento imbarazzante, ma non abbastanza perché abbia conseguenze negative. Quando finalmente sono in piedi, intenta a lisciare immaginarie pieghe dal mio abbigliamento, introduco il mio tema riassumendone l'argomento, anticipando che parla del futuro, della mia prima mostra personale di pittura.

Il racconto conduce i miei ascoltatori attraverso un cortile sui cui muri sono appese tele con grandi facce di bambini e anziani. Alcuni sorridono, altri piangono, in ogni quadro c'è un dettaglio – un grande fiore, un colibrì, un simbolo per descrivere la personalità dei protagonisti –, il tutto circondato da alte piante rampicanti con dei fiori, e camerieri un po' sgangherati che servono cibo mentre i presenti, tanti, tantissimi, passeggiano felici commentando i quadri: «Guarda quel vecchietto come somiglia al nonno...», «Certo, se solo il nonno fosse equadoreño».

Descrivo la musica, l'aria frizzante, i fiori, le coppie di adolescenti che si scambiano gesti di affetto camminando mano nella mano, mentre io passeggio tra la folla in incognito. Ecco il mio vero sogno: passeggiare tra persone che parlano di me, del mio lavoro, mentre risulto sostanzialmente invisibile, ma ascolto tutto e, più ascolto, più imparo. La lettura procede bene, la voce all'inizio traballante si fa man mano più sicura, cerco di non leggere troppo in fretta e di tenere le spalle diritte, come mi suggerirebbe mia mamma, e ricordo di guardare fisso qualcuno negli occhi mentre parlo.

Appena termino la lettura di quello che sostanzialmente è il mio sogno più ardito, un ragazzino dall'aria seria alza la mano e, ottenuta la parola, si alza addirittura in piedi per sottolineare meglio il proprio concetto.

«Non capisco come a quest'età si possa avere la presunzione di sapere che cosa fare della propria vita, né tantomeno la certezza di avere successo facendolo.»

Poche parole che suonano come uno schiaffo in faccia. Dovrei avere la prontezza di esclamare: «Finalmente ho trovato un adolescente più vecchio dentro di me!»

Ma non sono ancora dotata di sarcasmo come reazione protettiva, mi limito a farmi piccola, ma proprio piccola dentro, e a pensare che forse ha ragione, sono solo una presuntuosa a lasciarmi andare a sogni di questo tipo.

Nel giro di un minuto, quelle parole accendono un dubbio dentro di me che non si spegnerà più. Quanti rifiuti dovrò ricevere prima di farcela? E soprattutto: se non ne avessi le qualità? Se dovessi scoprire che mi manca il talento per realizzare il mio sogno?

2

CECILIA lavora nell'agenzia immobiliare Case Latine da due anni. Strana scelta per una appassionata studentessa d'arte come lei. Da qualche parte quella ragazza c'è ancora, solo che, crescendo, le velleità artistiche hanno lasciato il posto a desideri più concreti, come essere indipendente, avere un lavoro e, soprattutto, Cecilia ha concluso nelle sue riflessioni post laurea di non avere il carattere per affrontare la lunga trafila di rifiuti e commenti che sarebbero serviti per diventare una «vera artista».

Si trova molto bene a Case Latine, il lavoro le è congeniale, le lascia abbastanza tempo libero per i suoi hobby e sta rapidamente diventando una delle principali agenti.

È un lunedì mattina apparentemente uguale a tutti gli altri fino a che non squilla il telefono.

Generalmente i clienti preferiscono presentarsi di persona in agenzia oppure chiamano quando sono già interessati a un affare. In questo caso si tratta di un uomo in cerca di una casa da affittare, le chiede di fissare un incontro quello stesso mercoledì per vedere degli appartamenti.

Nonostante la conversazione piuttosto ordinaria, qualcosa di questo sconosciuto la colpisce. Mentre lui parla, Cecilia si ritrova involontariamente a immaginare quella voce senza volto: qualcosa nel tono le fa pensare che il suo viso sia sempre sul punto di aprirsi in un largo sorriso.

Il modo in cui si è presentato, attaccando la sua professione al nome – cardiochirurgo – le sembra subito singolare, interessante, come se nome cognome e professione fossero una cosa sola: *AdrianoDeAngelisCardiochirurgo*.

Quella combinazione di parole è risuonata dalla sua bocca come la descrizione puntuale di se stesso, mentre Cecilia, nonostante sia cambiata e diventata più sicura di sé da quando ha iniziato a lavorare, è ancora in cerca di un modo per potersi definire con tanta precisione in poche parole.

Chi non desidererebbe saper comunicare in maniera così breve e concisa la propria essenza? Certo, se solo a tale sicurezza nel definirsi verbalmente corrispondesse un'altrettanto profonda conoscenza di sé.

Termina la conversazione con aria trasognata. Durante i pochi giorni che la separano dal loro incontro, Cecilia si sorprende più volte a immaginare che aspetto possa celarsi dietro quella voce tanto vellutata.

Durante le lunghe mattinate in ufficio, non può trattenersi dal sognare a occhi aperti, chiedendosi quanti anni possa avere questo Adriano, se sia alto, simpatico e poi, a metà pensiero, cerca di scacciare l'idea dalla propria testa, lo fa proprio fisicamente, passandosi una mano davanti al viso come a voler allontanare un'invisibile mosca, imbarazzata da tutti questi castelli in aria costruiti sul nulla.

Fortunatamente, il giorno dell'appuntamento arriva in fretta e Cecilia non rimane affatto delusa.

Le si fa incontro un uomo alto, robusto, dagli occhi verdi e con morbidi capelli biondo scuro, appaiati a una barba rada leggermente rossiccia. Subito lui le tende la mano con un certo elegante sussiego.

Lei arrossisce senza motivo: la semplice avvenenza di lui, unita alle sue sciocche fantasie dei giorni precedenti, sono sufficienti a metterla in imbarazzo.

Si siedono in un bar a prendere un caffè e iniziare così a discutere delle esigenze di lui.

Adriano ha apparentemente le idee molto chiare: cerca un appartamento in affitto vicino al Gemelli, l'ospedale in cui lavora.

La giovane età di Cecilia, mista all'attrazione fisica che prova per lui, hanno il sopravvento sulla sua professionalità, e così, quasi senza rendersene conto, inizia a flirtare simpaticamente, prendendosi gioco del povero giovane: «Dottor Adriano, certo che lei è un bel tipo!

È vero che ha un lavoro molto serio... ma un giovane scapolo deve vivere a Monti!»

Adriano la guarda con i suoi occhi profondi e le risponde con simulata serietà: «Non mi sento più così giovane, sai! Anzi... tra pochi giorni saranno trentaquattro, ma non pensiamoci! Certo, non sono ancora così 'vecchio' perché tu debba darmi del lei...»

«Hai ragione, deformazione professionale... Poi, certo, sei un po' anziano, ma per fortuna te li porti bene! Ti chiederò consigli tra qualche anno...»

Fra una chiacchiera e l'altra, si dirigono verso il primo appartamento. Una volta saliti, Cecilia gli fa strada per mostrargli le stanze della casa.

Appoggiandogli con simulata disinvoltura la mano sul braccio, si sporge ad aprire le finestre che danno su una bella piazza viva, piena di gente, di luci, di schiamazzi.

Mentre gli mostra la vista, sente distintamente lo sguardo di lui indugiare sul suo corpo. Si gira con un sorriso: «Che cosa ne pensi?»

«Molto diverso da quello che stavo cercando, ma mi piace. E poi, non prevedo di rimanere scapolo ancora a lungo, ci vuole un appartamento che possa piacere anche a una fidanzata!»

«In quello non posso aiutarti.»

«Non si sa mai», risponde lui sornione, mentre il cuore di Cecilia accelera di molti battiti, ma non risponde.

Quella sera torna a casa più leggera e sorridente del solito. Non ha molte amiche cui confidare l'accaduto, e comunque non lo farebbe lo stesso, per riservatezza. Solo Sara, la ragazza che lavora in agenzia con lei, ha intuito qualcosa per via dell'aria sognante che la collega ha iniziato ad assumere ogni qual volta suona il telefono.

Passano un paio di settimane, durante le quali espletano tutte le procedure burocratiche. Una volta firmato il contratto, Adriano non indugia oltre e chiama Cecilia per invitarla a cena. Inutile dire che lei non stava aspettando altro; ha trascorso gli ultimi giorni a osservare il telefono in attesa che, testardo, iniziasse a suonare. Si accordano per andare a cena la sera successiva, e subito Cecilia pensa «Che cosa diavolo mi metto?» come ogni ragazza prima di uscire con un uomo che le interessa.

Adriano non le ha detto dove andranno e lei si rimprovera amaramente di non aver avuto la prontezza di chiederglielo. Decide di vestirsi con semplicità e opta per un paio di jeans neri, scarpe da ginnastica bianche, una T-shirt, bianca anch'essa, e uno spolverino beige sopra. Ma capisce che è stata una pessima idea non appena Adriano le dice che sono diretti verso un ristorante molto raffinato: la terrazza dell'*Hotel Hassler*. Fortunatamente, tutto ciò che lui riesce a vedere sono i bei capelli biondi di Cecilia sciolti sulle spalle e la sua magnifica bocca vestita di un rossetto rosso. Adriano, da vero gentleman, la rincuora solerte, dicendole di preferire la sua semplicità all'eleganza di qualunque altra donna presente nella stanza. Perché la sua eleganza, sostiene Adriano guardandola negli occhi, è innata, proviene da dentro, non le servono abiti perché risulti evidente e nessun abbigliamento, per quanto disastroso, potrebbe togliergliela.

La serata trascorre piacevole e leggera, tra numerose risate. Adriano era già rimasto colpito dalla bellezza di Cecilia, ma nel conoscerla meglio resta impressionato anche dalla sua razionalità. Abituato a frequentare donne trofeo, in Cecilia trova un connubio di estetica e intelligenza.

Ma questa opinione si basa su un fraintendimento. Cecilia gli ha raccontato delle sue passate velleità artistiche, rivelandogli il suo piccolo segreto: è stato il suo modo di fargli sbirciare dalla serratura e di mostrarsi a lui, nuda, nella sua interezza.

Adriano, invece, ha apprezzato che lei non si sia focalizzata su un progetto vago e incerto come diventare un'artista e si sia organizzata a cercare un'alternativa soddisfacente.

Allo stesso modo, lei è rimasta affascinata dallo scoprire che questo ragazzo, tutto sommato giovane, sia non solo un chirurgo qualsiasi, bensì un cardiochirurgo, il quale – secondo le parole dello stesso Adriano – «non perde tempo, salva vite», e in più anche un artista, un musicista – suona il pianoforte fin da piccolo, o almeno questo le è parso di capire dai racconti di lui.

Quanti amori nascono così? Basati su un fraintendimento apparentemente innocuo, ma in realtà grandioso.

A quel primo appuntamento ne seguono rapidamente altri e il corteggiamento di Adriano è dei più romantici: doni a ogni incontro, fiori, sorprese, concerti, cene, serate a teatro. La presenta subito ai suoi amici più cari, felici di conoscere finalmente una delle sue donne. A ogni nuovo incontro, le stringono la mano felici, ricordandole in continuazione quanto sia fortunata ad avere «accalappiato» un single incallito come Adriano. Cecilia non si rende subito conto di come tutti attribuiscano tale fortuna alla loro evidente differenza di background: da una parte lui, figlio di primario, a sua volta medico, instradato su un radioso futuro di successo, e di contro lei, proveniente da una famiglia bella ma semplice, con un lavoro ordinario e con i normali dubbi sul proprio futuro di una ragazza della sua età.

L'accoppiata risulta perfetta anche sulla carta: Cecilia è giovane, bella, in carriera ma non troppo, brillante ma nemmeno lontanamente in grado di mettere ombra alla grande luce di lui; Adriano è più adulto, un uomo affidabile, sicuro di sé ma anche con un lato sufficientemente «furbo» da renderlo interessante. Una unione benedetta dalle stelle, insomma, tanto che, nel giro di tre anni, li ritroviamo sposati e... felici?

3

«PER una sola volta nella tua vita potresti essere in orario, Adriano! Soprattutto considerando che sei tu quello che vuole a tutti i costi andare a questa cena stasera. Sai benissimo che, se fosse per me, staremmo a casa a riposarci!»

Adriano solleva gli occhi, palesemente scocciato dal rimprovero della moglie.

«Se vogliamo parlare di cattive abitudini, credo che rimproverare il proprio marito come se fosse un figlio sia peggio che essere sempre in ritardo, mia cara.»

Adriano scandisce *mia cara* in maniera innaturale, come fosse un insulto, con la sola idea di provocare una reazione in Cecilia, ma senza successo.

Lei lo guarda immobile, è in piedi di fronte a lui, le braccia abbandonate lungo il corpo. Se avesse ancora energia litigherebbe, ma è fin troppo consapevole che sarebbe solamente l'ennesima ripetizione dello stesso litigio che hanno ormai a cadenza settimanale da almeno sei mesi.

Lo guarda, e gli dice con calma: «Non sono interessata a discutere per la centesima volta di chi, tra noi due, sia il coniuge peggiore. Anche se non sembri rendertene conto, questo è un matrimonio, non è una competizione!»

Però non riesce a trattenersi del tutto. «A ogni modo, se tu non ti comportassi da ragazzino, io non sarei costretta a comportarmi da madre, e credimi: è piuttosto spiacevole anche per me ritrovarmi per casa un figlio, per giunta di quasi dieci anni più grande di me!»

Adriano le lancia l'ennesima occhiataccia e sospira rassegnato, per poi dirigersi al piano superiore, dove inizia a vestirsi per la serata. Non può ribattere ulteriormente, perché in effetti Cecilia è pronta per tempo, mentre lui, una volta rincasato dal lavoro, è rimasto sul divano a controllare le ultime cartelle e a cercare di riposarsi un po'.

È consapevole di essere profondamente stanco a causa dei turni eccessivi di cui si sta caricando ultimamente, ma ha preso questa decisione perché operare è la sua droga e più lo fa, più migliora la propria tecnica: il suo obiettivo non è solo essere bravo e salvare delle vite, vuole essere il migliore.

Infatti nemmeno lui ha particolare desiderio di uscire stasera, ma fa parte della sua strategia cogliere occasioni in cui sa che finirà per incontrare colleghi. Inoltre, in questo caso, il primario di cardiochirurgia di un importante ospedale lombardo dovrebbe essere presente ed è sempre utile avere questo genere di contatti. Fortunatamente sa di poter contare su Cecilia: anche quando è furiosa, non cercherebbe mai di metterlo in imbarazzo di proposito, e poi c'è sempre tempo per sistemare le cose e riappacificarsi successivamente.

Una volta cambiatosi, scende in fretta le scale. Trova la moglie immersa nel suo tablet, deve chiamarla due o tre volte per ottenere la sua attenzione. Finalmente pronti, si avviano.

Stanno andando al *Ballo in Rosa*, una serata organizzata ogni anno dall'Associazione Colibrì con l'obiettivo di raccogliere fondi per la ricerca contro il cancro. Quest'anno sarà particolarmente speciale, poiché si tratta della decima edizione.

Con gli anni, il *Ballo* ha assunto un connotato di prestigio sociale, chi partecipa lo fa per passare una serata spensierata, sapendo di aiutare una causa importante come la ricerca.

Cecilia e Adriano, dopo aver stipulato una tregua provvisoria, giungono al palazzo storico che ogni anno ospita l'evento. Scesi dalla macchina, percorrono un lungo sentiero, illuminato da piccole candele nascoste tra l'erba, che li conduce all'entrata della villa. Li accoglie una grande sala, sontuosamente decorata da pavimenti di marmo e soffitti intonacati e colorata da magnifiche peonie rosa e viola.

Il colpo d'occhio lascia entrambi senza fiato: gli elementi architettonici si fondono all'eleganza degli invitati, creando un'atmosfera da favola, sembra quasi di essere a Versailles più che nella periferia di Roma.

Tutti gli invitati si muovono allo stesso ritmo, avvolti in tessuti pregiati e adornati dei loro gioielli migliori. Signore eleganti si aggirano per le sale con in mano un bicchiere di champagne mentre cercano con lo sguardo vecchie conoscenze e amici. L'allegro vociare è presto interrotto dal distinto rumore di un cucchiaino che batte su una coppa di champagne.

È il presidente dell'Associazione che, assicuratosi della presenza della maggior parte degli invitati, chiede di poter prendere la parola. Una volta ottenuta l'attenzione dei presenti, invita tutti a seguirlo nella seconda stanza del palazzo, ai lati della quale sono sistemati i tavoli del buffet, alcune poltrone e divani e un palco, verso il quale il presidente si avvia con passo sicuro.

«Amici, grazie per essere qui anche quest'anno. Sono molto orgoglioso di darvi il benvenuto alla decima edizione del *Ballo in Rosa* dedicata alla memoria della mia amatissima moglie. Per chi non mi conoscesse, il mio nome è Carlo Simoncelli, sono il presidente dell'Associazione Colibrì, fondata nel 2002 quando mia moglie si ammalò per la prima volta.

«Letizia era una donna piena di vita, strappataci troppo presto da una malattia non crudele, ma indifferente, e proprio per questo tanto più pericolosa.

«La consapevolezza che questa serata potrebbe aiutare a curare meglio persone nella stessa situazione mi riempie di speranza e orgoglio.

«È una gioia, in occasione di questo anniversario per me così importante, potervi presentare una giovane ragazza: Vera Spagnoli. Uno dei primi pensieri che ha attraversato la mia mente appena la conobbi fu che mia moglie, se fosse vissuta abbastanza a lungo da poterla conoscere, l'avrebbe adorata.

«Questa consapevolezza me la rende persino più cara di quanto già non sia.

«Stasera condividerà con noi alcuni pensieri riguardo al cancro e alla vita.

«Vera è una poetessa e confido che troverà le parole più adatte per parlare di questo tema così delicato.

«Non farti attendere oltre, vieni qui!»

Così dicendo, tende la mano a una ragazza minuta, con i capelli corti alla Audrey Hepburn e gli stessi occhi, grandi e innocenti. Vera indossa un tubino color arancio, di seta, con spalline sottili, lungo fino ai piedi, al collo porta una collana alla quale è agganciato un ciondolo d'oro: un albero racchiuso in un cerchio. L'albero della vita.

Salendo sul palco, lo stringe nervosamente tra le dita sottili, portando inavvertitamente l'attenzione alle sue mani, mani di bambina. Quando inizia a parlare, rivela una voce più profonda di quel che si sarebbe potuto immaginare osservando la sua figura così asciutta.

«Buonasera a tutti. Sono Vera Spagnoli. Come Carlo vi accennava, sono poetessa da sempre e *cancer survivor*.

«Non sono su questo palco per narrarvi come si sopravvive al cancro, quello non dipende da noi, è caos. La fatica, il dolore, qualunque cosa si ponga sul cammino va affrontata e non c'è altra scelta.

«Voglio parlarvi di ciò che più è difficile: ovvero di come si sopravvive all'essere sopravvissuti. Se ci pensiamo, siamo tutti sopravvissuti, non siamo altro che sette miliardi di sopravvissuti.

«Sopravviviamo al parto, alla nascita, alle prime notti con una madre inesperta.

«Se siete arrivati fino a qui ora, ad ascoltare queste mie parole, è frutto di una lunghissima serie di casi e coincidenze. Nessuna fatale caduta per le scale, nessun cereale tragicamente bloccato nella trachea. Lo stesso fatto che tutto sia andato come doveva andare, per così tante volte, così tanti giorni di fila, ha del miracoloso.

«Nel corso di questi lunghi anni, mi sono resa conto di come il dolore sia l'esperienza più vera di fronte alla quale possiamo trovarci. Affrontare momenti difficili, qualunque sia la loro natura, è come cercare di camminare con cento chili attaccati ai piedi e allora, per poter procedere, ci rendiamo conto che dobbiamo lasciar andare tutto ciò che è inutile, tutto ciò che ci trascina a terra. Una volta fatto questo, rimane solo l'essenziale, rimaniamo noi.

«Il punto focale non è la tempesta, non è la guerra.

«La vera domanda è: che cosa fai con la tua vita quando tutto è finito?

«In momenti come quelli, quando si è ancora schiacciati a terra dal dolore, c'è chi si arrende. Si arrende a una vita in cui non sarai mai più una persona, ma solo 'quello che ha avuto il cancro'. Queste persone si ritrovano a portare il vessillo delle loro battaglie sempre attaccato al petto. Il problema è, un'altra volta, il peso di quel vessillo, un peso che non può che trascinarti a terra. C'è una frase che mi piace molto e mi ripeto spesso: 'Quelle montagne che stai portando sulle spalle, avresti solo dovuto scalarle'. Chi le scala, chi arriva in cima per lasciar finalmente andare tutti i pesi e rimanere nudo con se stesso e di fronte a se stesso è, a mio parere, la versione occidentale dell'uomo illuminato. Per quanto io ami tutte le storie, perché la vita che capita è sempre la vita più vera, queste sono le mie preferite, sono un altro paio di maniche.

«In Asia devi sederti a meditare per anni sotto una mangrovia, mentre in Europa, nel 2018, succede che ti investe un tir e improvvisamente sei tu ma non sei più tu. Sei oltre.»

Vera alza gli occhi e guarda la platea.

Sorride, si passa una mano sui fianchi come ad accarezzare il proprio abito e prosegue: «Spesso rimaniamo incastrati in una routine per cui parliamo solo di ciò che non va nella nostra vita, del nostro dolore, e lo ripetiamo: mio, mio, mio.

«E più ne rivendichiamo la proprietà, più è difficile che questo se ne vada per lasciarci proseguire la nostra strada.

«Ho cercato di parlare del *nostro* dolore e includerci tutti perché non mi sento orgogliosa per aver combattuto.

«Era scontato, non c'era scelta.

«La mia sfida ora, quando mi alzo la mattina, è ricostruire una vita di cui posso essere orgogliosa, una vita che mi somigli e a cui somigliare.

«Invito tutti coloro che sono qui e mi ascoltano e hanno condiviso un percorso, non solo il percorso del cancro o del dolore, ma il percorso della vita, ad abbracciarsi tra di loro.

«L'amore è l'unico antidoto al dolore, il caldo l'unico rimedio al freddo e traboccare è l'unico modo di sconfiggere il vuoto.

«Stringiamoci più vicini: quando lo facciamo non c'è più vuoto, non c'è più buio, solo due braccia calde pronte ad accoglierci. Non abbiate paura di appoggiarvi gli uni agli altri».

Vera si allontana dal palco e va ad abbracciare a uno a uno il presidente e altri membri dell'Associazione. Poi riprende il microfono e conclude: «Siamo felici stasera, ridiamo, balliamo, mangiamo. Godiamocela anche per chi non può più farlo!»

Rimane profondamente imbarazzata dal lungo applauso che ne segue.

Per uscire da questo momento di incertezza, scende

dal palco e cerca di mischiarsi subito tra le persone, e lo fa dando il buon esempio avvicinandosi al buffet e addentando felice un trancio morbido di pizza.

Molti le si avvicinano per condividere la propria storia, quella delle loro mamme, sorelle, di persone toccate dalla sofferenza. Lei non si nega, cerca di donare a tutti un po' della sua forza, ascoltando ognuno e cercando di dare, per quanto possibile, consigli utili. Qualcuno le si avvicina e le dice: «Si vedeva però che eri emozionata!»

Lei risponde con una sonora risata. «Per fortuna! Se non avessi provato nulla nel fare un discorso così personale sarebbe stato un problema!»

All'improvviso, vede una donna allontanarsi da un gruppo di persone.

Li aveva già notati in precedenza, sia per la loro aria elegante, sia perché erano gli unici che non avevano interagito con gli altri, raggruppati com'erano, in un cerchio al cui centro c'era un uomo molto alto e robusto che teneva banco.

La donna è una bionda alta e atletica, indossa un abito di un fucsia acceso. Sorride a Vera e inizia a dirigersi verso di lei a passo marziale, i piedi ben curati sono avvolti in meravigliosi sandali a stiletto, talmente affilati da sembrare un'arma.

Per un attimo, Vera pensa che quella donna voglia darle una sberla, poi sorride per quel pensiero così bizzarro: è che legge negli occhi di lei una determinazione inusuale. Il pensiero di Vera si rivela completamente fuori luogo, infatti la ragazza la abbraccia fortissimo senza esitare.

«Vedo che mi hai presa in parola, sei stata l'unica!»

«Scusa, forse sono stata invadente! Ma non ho potuto trattenermi, il tuo discorso mi ha toccata molto.»

Le porge la mano. «Piacere, mi chiamo Cecilia.»

Vera risponde alla stretta di mano con altrettanto vigore. «Piacere mio.»

«Sai...» prosegue Cecilia, «non vorrei sembrarti inopportuna ammorbandoti con le mie riflessioni, ma mentre ascoltavo le tue parole non ho potuto evitare di domandarmi come mai per cambiare così radicalmente o anche solo essere davvero noi stessi, liberi da tutte le sovrastrutture che la società ci impone, o piuttosto che ci imponiamo da soli con la rassicurante scusa della società, sia necessario passare attraverso la sofferenza. Sarebbe bello se fosse possibile senza dover necessariamente soffrire!»

Vera ci pensa un attimo.

«Ti do una risposta pirandelliana, mia cara. Chi definisce che cosa è o non è una tragedia? Io parlo di cancro perché questa è la mia esperienza di vita, ma per un altro il momento cruciale può essere quando si decide di cambiare lavoro, di separarsi, di cambiare Paese... In fondo è sufficiente riflettere, riflettere, riflettere, poi prendere la rincorsa e saltare! È così che si cambia, non credi?»

«Hai ragione.» Cecilia sospira profondamente, sconsolata, senza rendersi conto di quanto questo suo gesto lasci intuire una profonda inquietudine. Alla fine, chiosa: «Forse sto riflettendo da troppo tempo, dovrei iniziare a prendere la rincorsa!»

«Intanto iniziamo a correre verso il bancone del bar! Ho voglia di un drink.»

Le due sfilano di fronte a un Adriano assai perplesso, si prendono a braccetto incamminandosi come se fossero migliori amiche da sempre.

Di fronte a un bicchiere di champagne, Cecilia si sorprende a raccontare all'altra tutta la sua vita, l'infelicità di un matrimonio in cui lei si sente così sola, così non vista, sempre impegnati come sono a far splendere la sua luce di grande uomo di medicina.

«Non mi sorprende che tutti ti dicano che lui è un santo», commenta Vera quasi tra sé e sé.

«Sei tu che vuoi presentarlo in quest'ottica», prosegue, infervorata. «Probabilmente, se i suoi amici conoscessero anche questi lati del suo carattere, smetterebbero di dirti quanto sei fortunata a stare con lui...»

Cecilia abbassa la testa, queste parole se le è ripetute da sola in molte occasioni, ma sentite così, ad alta voce per la prima volta, la colpiscono particolarmente.

«Hai ragione», risponde.

«Ma è così difficile, dopo aver mentito a me stessa per tanti anni iniziare ora a dire a tutti: 'Guardate, il re è nudo!' Temo che l'unica a rimanere davvero nuda di fronte a questa rivelazione... sarei io.»

Vera sorride, comprensiva.

«Non preoccuparti, cara, è normale. Sono passaggi naturali nella vita di tutti, vedrai che rifletterai sulla vostra relazione e capirai da sola, con il tempo, che cosa davvero desideri e probabilmente riuscirai a trovare il modo di parlargli e ristabilire con lui una sana comunicazione.»

Vera in realtà mente, ha visto Adriano per poco più di due minuti ma non le è piaciuto affatto. Non riesce a capire come una ragazza spontanea e solare come Cecilia possa stare con un uomo così rigido e impostato, non vuole però far sentire l'altra ancora più sciocca di quanto già non si senta e poi... scagli la prima pietra chi è senza peccato! Quale donna non si è ritrovata a vivere relazioni che erano perfette nella loro testa senza rendersi conto che il cavaliere senza macchia di cui si erano innamorate era poco più di uno scudiero imbranato?

Le due donne scivolano piano in discorsi più leggeri e, senza rendersene conto, arriva l'ora di salutarsi. Appena arrivata a casa, Cecilia manda un messaggio a Vera.

È la prima volta che racconto cose così intime a qualcuno. Riflettendo, mi sono resa conto che è perché sono circondata da persone superficiali, tu non sei come loro, sei diversa. Grazie per avermi aiutata a chiarirmi le idee.

Dopo poco, arriva la risposta di Vera.

Grazie a te, per avermi vista al di là del mio vissuto. Spero a presto! V.

L'amicizia di Vera e Cecilia è stata istantanea, non c'è stato bisogno di vedersi e rivedersi, si sono riconosciute subito. Due anime bisognose l'una del supporto dell'altra.

Nonostante l'aspetto fisico molto diverso, già durante la serata molti si sono chiesti se fossero sorelle. Sebbene non lo siano per sangue, potrebbero diventarlo per destino. Il loro incontro potrebbe sembrare casuale, ma in verità nulla accade per caso.

Ognuna di loro ha un senso nella vita dell'altra: Vera può insegnare a Cecilia la resilienza e l'importanza del tempo; Cecilia può insegnarle a ritrovare un po' di leggerezza, una leggerezza che Vera sfoggia ma fa fatica a provare.

4

Una settimana dopo essersi conosciute, e dopo aver preso l'abitudine di parlarsi al telefono ogni giorno per almeno mezz'ora, si danno appuntamento al parco con l'idea di fare un po' di jogging e poi colazione insieme.

Cecilia è la prima ad arrivare, si siede su una panchina ad aspettare felice di rivedere quella ragazza così speciale appena conosciuta.

Il tempismo del loro incontro si è rivelato provvidenziale. Se Cecilia avesse ascoltato il discorso fatto da Vera un mese prima, un anno prima o addirittura un giorno dopo, nulla sarebbe cambiato. Ma ascoltare le sue parole dopo quel litigio così triste ha scatenato in lei una serie di riflessioni sulla propria vita.

Dopo il matrimonio, l'idea di lasciare Adriano non l'ha mai sfiorata. D'altra parte ha fatto una promessa eterna: è questo il senso del matrimonio, no?

Non contemplando quest'opzione, perché lui è un

brav'uomo e non la tradisce, e sostanzialmente perché non vi sono apparenti motivi che giustifichino la sua insoddisfazione, si è ritrovata a ignorare una serie di «dettagli» che la infastidiscono sempre di più con il passare del tempo.

Ad esempio, nonostante lei non sia soddisfatta del proprio lavoro, Adriano sottolinea in continuazione quanto questo sia perfetto per lei, l'ideale. Al punto che Cecilia è arrivata a chiedersi se lui non lo faccia apposta, con la sola idea di infastidirla.

Gli ha espresso molte volte il desiderio di ridurre le loro numerose frequentazioni superficiali, il genere che dura solo il tempo di un aperitivo. Cecilia ha bisogno di amici veri, con cui ridere e condividere stupidi segreti imbarazzanti di gioventù. Lui ha sempre finto di non capire: «Non so a che cosa ti riferisci. Se parli di Mario e Luigi, sono miei amici da una vita». E così hanno continuato imperterriti a frequentare colleghi dell'ospedale dalle dubbie abitudini.

Adriano ormai la disapprova semplicemente con un cenno del capo, come una madre indignata, senza dire però nulla. È infastidito da lei, da come parla, dalla sua indipendenza, dal fatto che non riesca in nessun modo a far buon viso a cattivo gioco, attività nella quale lui invece è un campione nato. Particolari invisibili agli occhi dei più, ma per lei sempre più difficili da sopportare.

Tuttavia, non è mai riuscita a trovare supporto nei suoi amici, un po' perché molte delle loro frequentazioni sono in comune e inoltre nulla di tutto ciò, per quanto importante, è visibile o allarmante: tutti trovano inaccettabile che tu stia con una persona che ti tradisce o che abusa fisicamente di te, ma l'idea che tu muoia lentamente ogni giorno in un matrimonio infelice non rappresenta un problema per nessuno. Cecilia si è scontrata così spesso con questo genere di ascoltatori indifferenti, che si è ritrovata a vivere la propria vita a testa china, senza pensare, come un automa.

Ovviamente non è vero che lei non può lasciare Adriano, e il fatto che nessuno l'abbia ascoltata o capita quando cercava di sfogarsi sicuramente non è una scusante. Semplicemente, divorziare a trent'anni significa affrontare tutte le proprie paure e ricominciare da capo.

Certo, Cecilia sa di essere giovane, ma la sua è una consapevolezza cerebrale, in realtà si sente molto più vecchia della propria età anagrafica.

Forse questa sensazione è dovuta al fatto che da anni frequenta un uomo di nove anni più grande, o semplicemente si rende conto che è un momento inopportuno per tornare single. A trent'anni tutti si sposano, sono già sposati, iniziano ad avere figli, o li hanno appena avuti.

È strano pensare di scendere dal treno su cui tutti vogliono disperatamente salire e dire: «Scusate, non fa per me, andate pure avanti indisturbati, non fate caso a me».

Quelli bloccati nella stessa situazione faranno di tutto per convincerla a rimanere ed essere frustrata, insieme a loro. D'altra parte, se lei dovesse decidere di seguire il proprio istinto, e finisse per essere felice, allora toccherebbe anche a loro fare la stessa cosa, ma sarebbe troppo faticoso e dunque preferiscono non sapere.

Quando cerca di parlare dei suoi dubbi con la madre, così contenta di vederla sistemata con un uomo perbene e di buona famiglia, quest'ultima pare un disco rotto: «È un bravo ragazzo, amore, ti vuole così bene».

Certo, pensa Cecilia, mi vuole così bene, ma perché passiamo le serate sul divano, ognuno nel proprio angolo, una a guardare la televisione, l'altro a guardare un programma diverso sul proprio computer con gli auricolari nelle orecchie, solo?

Vera è l'unica persona ad aver capito che Cecilia non è così felice come va raccontando, soprattutto, come va raccontando a se stessa. Cecilia però non riesce ancora a raccogliere le forze per compiere il passo.

Nonostante si conoscano da poco, Vera le ha ripetuto più volte che bisogna trovare la forza di lasciare andare ciò che non ci fa più crescere – altre grandi parole delle filosofie orientali.

Okay, bellissimo, bellissime parole, ma quando poi sei lì, in quel preciso minuto in cui tutto diventa vero, in cui lui chiude la valigia e ti guarda accigliato, il minuto prima di andarsene per sempre, dalla vostra casa e dalla tua vita... in quel momento la saggezza e la filosofia servono a poco.

Si ritrova così seduta su una panchina in un parco a guardare le coppie che le sfilano davanti agli occhi mano nella mano, e a chiedersi a che punto siano della loro storia.

Nell'osservare i più anziani, non può fare a meno di chiedersi a quanti compromessi siano dovuti scendere, a quante cose abbiano dovuto e saputo rinunciare per arrivare lì, intatti, fino a quel giorno.

Vera arriva poco dopo, cammina piano, morbida, assapora tutto il verde del parco, sente sulla pelle e a ogni passo il calore del sole, assorbe i rumori dei passanti, le risate dei bambini, le radio in sottofondo.

Il luogo in cui si ritrovano ha una pista circolare fatta apposta per correre, al centro un bellissimo laghetto artificiale, e intorno erba, tanta erba e panchine.

Con un po' di fantasia si può pensare di essere nella Reservoir di Central Park. Certo, dipende da quanta fantasia ci si mette.

Però, Vera, di fantasia ne ha tanta, e ha tanta voglia di vivere e stare bene e quindi, mentre arriva e cammina sinuosa, pensa alle fotografie che ha visto di Central Park e per un attimo ci crede davvero.

Immagina di essere all'estero, di essere libera, dai controlli e da quel corpo che sì, è miracoloso, ma è ancora intossicato da tutti i farmaci che ha dovuto prendere e le pesa così tanto addosso. Ma in quell'istante si dimentica dei suoi pensieri, e quella camminata già morbida diventa leggera, il suo sorriso si allarga e il sole si fa sempre più caldo.

Mentre ondeggia vicino alla gente, tutti si accorgono che c'è qualcosa di diverso in quella ragazza, che pur trovandosi sotto lo stesso sole non stanno vivendo lo stesso istante.

Ognuno fa congetture diverse; catturati dalla sua luminosità, dimenticano per un attimo di essere il centro del proprio universo e si domandano cosa le sia successo: se sia arrivata diretta dalla prima notte di passione con un nuovo compagno – *walk of shame*, la chiamerebbero in inglese, la camminata della vergogna – se abbia ricevuto una promozione, se sia il suo compleanno…

Nessuno sfiora la verità col pensiero.

Finalmente le due amiche si incontrano e, come da recente tradizione, si salutano con un abbraccio.

Poi iniziano a correre, prima piano, poi sempre più forte.

Si lasciano tutto dietro le spalle, sotto i piedi. Le fatiche, i mariti, le malattie, il dolore, i pensieri. Vera non riesce a respirare ma non le importa, parte in uno scatto al di sopra delle proprie forze. Si vede che sta scappando, sta scappando dal suo passato.

Cecilia cerca di raggiungerla, un po' preoccupata e un po' esaltata anche lei da quella corsa pazza, come se fossero bambine, via a rompicollo con le ali ai piedi. Il cielo è alto e azzurro sopra di loro, la terra scorre sotto i loro piedi e, mentre una pensa a tutto ciò che ha passato e che l'aspetta, l'altra pensa al marito, ai doveri e alle scelte che ora può fare. Entrambe vogliono solo rimanere qualche minuto libere, troppo occupate a cercare di recuperare energie.

Continuano fino a buttarsi sull'erba, senza fiato. Sudate. Senza più parole da dire. Il loro scopo finalmente raggiunto, la mente vuota per qualche istante.

5

Cecilia

Io e Adriano siamo invitati a una cena organizzata dalla moglie del primario del reparto di cardiochirurgia. Mio marito ha un precedente impegno, così decidiamo – o meglio, lui decide e io acconsento – che andrò da sola, in sua rappresentanza.

Non cambierà molto, visto che non è il tipo di uomo che sa farmi compagnia durante le occasioni mondane, anzi, tendenzialmente è l'esatto contrario, scompare per intrattenere relazioni sociali. Le serate con lui non sono mai spensierate, o almeno non lo sono da diversi anni.

Finisco sempre col rimanere in disparte. Dovrei essere abituata a essere indipendente, ma l'idea di presentarmi alla porta da sola mi destabilizza.

Sono talmente abituata a essere la metà di qualcosa che ormai fatico a essere l'intero di me stessa.

Il senso di disagio aumenta quando penso agli ospiti della cena, mi mette in imbarazzo il loro atteggiamento, sono così attenti all'etichetta da risultare poco spontanei, per non dire finti.

Sebbene siano anni che frequento questa tipologia di esseri umani – stesse persone ma altre facce, altri nomi – mi rendo sempre più conto di non appartenere al gruppo, di essere, mio malgrado, una sorta di cane sciolto.

Un cliente fuori orario ha scombinato tutti i miei piani, sono in ritardo e ho a malapena il tempo di farmi una doccia veloce appena rincasata.

Un tocco di profumo, una rosa allegra, e come sempre, quando non so che cosa mettermi, indosso un pantalone nero aderente e una camicia di seta bianca oversize, con una profonda scollatura a goccia, due nastri che si chiudono intorno al collo, una scarpa con tacco a spillo a completare il look.

Nonostante la fretta, trovo il tempo di mettermi un filo di rossetto rosso, anche questo profuma di rosa, il mio marchio di fabbrica.

Tutti dovrebbero avere un tratto distintivo. Qualche cosa che possa renderti riconoscibile anche in mezzo alla folla, in pieno giorno.

Un elemento che ti renda identificabile persino in una piazza affollata, quel particolare che è proprio tuo, il colore del rossetto, la tinta dei capelli, il fazzoletto nel taschino, la camminata un po' storta, di modo che ti si possa riconoscere subito.

Serve un dettaglio che permetta a chiunque di urlare il

tuo nome tra la gente, qualcosa che dia a chi lo desidera la scusa per farlo.

Ognuno di noi dovrebbe avere il proprio, e io, che sono particolarmente fedele a questa teoria, ne ho molti.

Non si tratta di voler essere diversi, di sforzarsi. Si tratta di affezionarsi ai dettagli e renderli propri.

Mi piace individuarli negli altri, quando ci sono, e cercare di capire se siano stati messi lì dalla vita o creati ad arte, solo per distinguersi, se siano il frutto di una particolare visione estetica o, ancora meglio, di una particolare visione della vita.

Finalmente finisco di prepararmi, salgo in macchina e seguo, nervosa, le indicazioni del navigatore. Una volta arrivata, trovo miracolosamente parcheggio di fronte al portone. Suono il campanello, salgo una rampa di scale e giungo di fronte alla porta.

Entro: sorrisi, baci cortesi sulla guancia, senza toccarsi.

Scie di profumo alla vaniglia declinata in innumerevoli varianti. Ci accomodiamo in una elegante sala con grandi tappeti e vecchi mobili laccati in legno, lasciati in eredità da famiglie nobili, suppongo. La padrona di casa sembra uscita da un film. Cammina disinvolta con un elegante chignon in testa, bellissimi orecchini pendenti e un vestito nero, diritto, senza un orpello. Asciutto. Un tacco alto, affilato. Gli altri ospiti si conoscono da tempo e ostentano confidenza, battute che possono capire solo tra loro. Le donne sono belle, luminose, curate. Gli uomini ben vestiti, con pance sorridenti e morbide, un accenno di muscoli sotto uno strato felice di adipe, barbe che iniziano a ingrigire e lavori che consentono loro di non dubitare mai di sé e del proprio posto nel mondo. Alle pareti sono appesi dei quadri scuri, paesaggi lontani, qualche natura morta.

Dopo un veloce aperitivo con champagne e olive ci sediamo a tavola, dove vengono servite delle ottime portate: tartare di pesce, vino bianco in abbondanza, un'ottima focaccia al sale, morbida e fragrante.

Durante tutta la cena mi concentro sui profumi, sul cibo, sulla stanza, chiudendomi un po' in me stessa perché non sono d'accordo con nessuno dei discorsi. Non è quello che dicono a innervosirmi, è il modo. Probabilmente è colpa mia, sono prevenuta. Come al liceo, quando pensavo fossero i miei compagni di classe a escludermi mentre in realtà ero io stessa. Forse sarei dovuta restare a casa. Più passano gli anni, più sono insofferente nei confronti delle persone, delle conversazioni inutili su argomenti «neutri», le classiche situazioni nelle quali si parla di tutto, ma soprattutto di niente, e nessuno si espone mai.

Stasera non fa eccezione. Si parla del tempo, delle vacanze – ma non dei viaggi –, della salute di tutti – colesterolo alto, troppo fumo –, poi la politica, gli immigrati, il solito: «Io non sono razzista ma...» che a sentirlo mi fa venire voglia ogni volta di emigrare io per prima, lontano, per non essere mai più ritrovata. Non mancano i chili immaginari da perdere di donne che non capisco mai se desiderino complimenti o se abbiano disordini alimentari, e insomma, il palinsesto consiste all'inizio di una grande accozzaglia di luoghi comuni per poi passare a parlare di loro: «gli assenti». Mai una parola buona. Anzi, come prima: «Non è che io abbia qualcosa contro di lei, però...» Non voglio fingere di essere l'unica innocente, l'unica a non aver mai partecipato a un simile discorso. Sono colpevole, lo siamo tutti.

Ma stasera vorrei alzarmi e urlare. Gridare con tutto il fiato che ho in corpo che la vita non è tutta qui. Che io ho dei chili in più e sono felice, che loro vivono in una bolla e si giudicano gli uni con gli altri costantemente, ma dobbiamo fregarcene.

Dobbiamo smettere di dare questo potere agli altri di giudicare e di farci sentire accettati o non accettati, giusti o sbagliati.

È necessario farci delle domande e l'unica risposta che dovrebbe contare è la nostra; basta delegare a degli estranei queste cose fondamentali. Certo, c'è una grande contraddizione in questo mio pensiero. Io per prima, qui seduta, mi sento inadeguata. Appartengo e non appartengo.

Appartengo per abitudine, per il mio matrimonio, le mie frequentazioni, ma decisamente non appartengo per inclinazione, per aspirazioni, per quel desiderio sovversivo di essere autentica, di girare, di vedere, di scandalizzare solo perché è divertente.

Quindi voglio e non voglio ed è questo che mi rende irrequieta, la doppia natura che emerge mio malgrado.

La triste verità è che queste persone stasera non stanno facendo niente di male, chiacchiere leggere per svuotare un po' il cervello, dicono cose in cui non credono nemmeno loro per un bisogno inconfessato di stare in superficie, ma sono sereni. Sono a posto, stanno bene. Sono in armonia con se stessi.

A loro va bene così.

Sono io che non ce la faccio più, che ho caldo, che sono stanca, confusa, intrappolata in una camicia in cui sudo troppo, appesantita da troppo cibo, diventata improvvisamente troppo me stessa per via dei numerosi bicchieri di vino. Tutto è troppo, io per prima. Me lo hanno sempre detto da tutta la vita, troppo sensibile. Come fosse una colpa, la mia.

Così succede che faccio una cosa che non avrei mai pensato in tutta la vita. E infatti questa sera la faccio, ma senza averla pensata.

Giulio si alza e va in bagno.

L'ho guardato tutta la sera con la coda dell'occhio: è l'unica altra anima in pena alla cena.

Indossa una T-shirt leggera con dei buchi ad hoc, uno di quei capi di abbigliamento che sembrano presi da una discarica e invece sono frutto di un'accurata ricerca in qualche boutique hipster. Un tatuaggio a forma di cerchio gli abbraccia il gomito. Un fisico atletico, attraente senza essere ostentato. Testa rasata, mascella geometrica, una barba insolente frutto di qualche giorno passato senza rasarsi.

Non dice una parola, ma lo sguardo è sufficiente. L'unico suo contributo alla serata consta di qualche battuta alla quale sua moglie reagisce con un gelo ostile. Lui prende atto, si placa e torna inanimato. Al che, lei gli prende la mano e lui la scosta.

Forse è l'unico ad avermi interessata proprio perché non ha parlato.

Viviamo in un mondo in cui tutti cercano disperatamente di attirare l'attenzione, eppure il solo atteggiamento in grado di attirarla è cercare ostinatamente di passare inosservato. Così, sebbene non abbia proferito parola, lo immagino acuto, divertente, affascinante.

La piccola parte rimasta matura e viva di me si rende conto che non ho prove in questo senso. Decido che è il mio intuito a suggerirmelo.

Anna, la proprietaria di casa, sta sparecchiando, mi alzo e la accompagno in cucina, ripongo un po' di piatti nel lavello.

Forse facciamo anche conversazione, non lo ricordo. Le faccio i complimenti per la cena. Le chiedo come è possibile che i suoi figli siano così bravi, tutti e due a letto dalle nove e non li si è mai sentiti, mai visti, io non riuscirei a farmi rispettare nemmeno dal mio cane.

Poi mi giro e mi dirigo verso il bagno. Sono stordita

dal vino e non conosco bene la casa, l'operazione richiede più tempo del previsto, finalmente vedo una porta, giro la maniglia, entro. Giulio è in bagno e si sta lavando le mani.

L'aria di chi ne sa una più di tutti gli cola improvvisamente ovunque sul viso e così, senza pensare, mentre sua moglie nella stanza accanto sorseggia in modo molto appropriato il caffè, lo bacio.

Non un bacio invadente, banale, umido. Ma un bacio semplice, sulla bocca. Liscio.

Gli metto le mani ai lati del viso e premo la mia bocca contro la sua, sento che lui sa di incenso e forse lui può sentire che so di rosa.

Dopo un primo momento di choc, lui ricambia, stringe la sua mano contro la mia schiena, con il palmo spalancato, mi preme vicino a sé. Percepisco il calore del suo corpo contro il mio, il suo cuore che mi batte nel petto.

Passa un lasso di tempo indistinto, uno di quei momenti che sembrano durare anni e restano sospesi nel tempo, quasi esistesse un universo parallelo in cui il nostro bacio, immobile, è in atto da sempre e non si ferma mai.

Quando in questo universo finalmente mi scosto, lo guardo. Lo guardo-guardo, diciamo.

Continuo a guardarlo, a questo punto sfacciata fino in fondo. Da una parte perché voglio scolpire questo momento nella mente, dall'altra perché sono ancora un po' stordita – non più dal caldo, dal vino e dalla cami-

cia appiccicata, sono stordita da me stessa. La mia vita finalmente torna in mio possesso e realizzo che, se mi muovo, le cose possono succedere.

La vita si muove con me.

Un secondo prima che lui si riprenda dallo choc, lo saluto disinvolta: «Ciao, Giulio. Devo andare. Salutami gli altri».

Come un automa torno in sala. Prendo il cappotto dall'armadio, la borsa dal divano ed esco senza salutare nessuno. Appena fuori, la prima sensazione che mi investe è l'aria fresca contro le guance. Anche se non fumo, mi accendo una sigaretta e inspiro intensamente.

Non sono mai stata così felice, non tanto per il bacio, ma per questo. La notte, il fresco, la sigaretta, il cielo. Una poesia perfetta.

Salgo in macchina, accendo la radio e subito parte Ho Hey *dei* Lumineers. *Spesso è tutto molto complicato, ma altre volte la vita riesce a essere davvero perfetta.*

Succede in modo non programmato, serendipità pura, anche perché sono poche le cose che ho imparato della vita, ancora meno ne ho imparate sull'amore, ma sicuramente è tutta una questione di tempismo.

La persona giusta al momento sbagliato, la persona sbagliata al momento giusto, e poi, raramente, la cosa giusta al momento giusto.

Sarebbe bastato che avesse chiuso a chiave, o che fossi entrata poco dopo, e avrei trovato la stanza vuota. Se ci avessi pensato un secondo, sarebbe andato tutto storto, e invece... Vado a letto chiedendomi cosa diavolo mi abbia preso.

Comunque la considero una vittoria. Per la prima volta ho agito d'istinto, me ne sono fregata degli altri e mi sono sentita... VIVA.

Come mai prima. Come non mi sentivo da anni. Mi sono sentita giovane. Non che io non sia più giovane, ma mi sono sentita come quando ero un'adolescente. Ho agito senza avere una piena e completa visione della situazione, di ogni piccola minima e possibile implicazione.

Non voglio dire che vorrei agire tutti giorni come un'inesperta quindicenne, ma recuperare quel livello di incoscienza di tanto in tanto è stupendo. Mi sono sentita libera.

Suona un po' da matti, me ne rendo conto, ma libera dalle voci della mia mente, libera da me stessa, libera da quel costante giudizio di sottofondo di che cosa dovrei fare e come dovrebbe essere la vita.

Mi addormento di botto. Sprofondo nel buio.

La mattina mi sorprende ancora confusa, mi sveglio con Giulio in testa e mio marito a fianco.

L'accoppiata è tremenda e il cuore mi trema troppo per potermi osservare dall'esterno e capire quanto sia sbagliato tutto ciò, ripenso al sapore di quell'uomo e ai suoi occhi stupiti e, soprattutto, non vedo l'ora che

Adriano si alzi e se ne vada per essere finalmente libera di poterlo raccontare a qualcuno.

Qualcuno... chi prendiamo in giro? Raccontarlo a Vera, ovviamente. La chiamo, felice ed emozionata.

«Ciao Vera, come stai?»

«Bene, amore, ma evidentemente non quanto te...»

Scoppio a ridere, interdetta. «Come hai fatto a capire subito che c'è qualcosa?»

«Be', vorrei citare la nostra ormai nota e stranota straordinaria connessione, ma credo che, se avessi chiamato anche un alieno, con questo tono di voce squillante avrebbe capito che è accaduto qualcosa al di fuori dell'ordinario...»

«Infatti è successo!»

«Pensi di tenermi sulle spine ancora a lungo o vuoi dirmi cosa è successo?»

«Ma... non lo so, forse posso aspettare ancora un po'», dico io, cercando di aggiungere suspense al momento, e divertendomi non poco.

«Non preoccuparti. Se preferisci raccontarmelo un altro giorno, non c'è problema...»

«Assolutamente no! Anzi, se non sei impegnata, ti aspetto tra mezz'ora a casa mia.»

Vera mi raggiunge in pochissimo tempo, curiosa ed emozionata.

La porta si spalanca: al suo ingresso, nella casa austera

tutto prende vita. A grandi falcate, Vera si avvicina a me sul divano e mi travolge di parole: «Non puoi capire quanti scenari diversi mi sono immaginata: sei incinta? Hai lasciato Adriano? Hai deciso di cambiare lavoro e trasferirti in Portogallo a fare la pittrice? Allora?! Possiamo bere un caffè o è meglio un aperitivo parecchio anticipato? Non puoi tenere così in ansia una donna che ha avuto il cancro, potrebbe venirmi un infarto!»

«Colpo basso questo, Vera!» le rispondo io mentre le corro incontro abbracciandola.

«Lo so, tanto quanto il tuo silenzio telefonico!» mi risponde lei con un sorrisetto divertito, per poi aggiungere: «Bando alle ciance! Dai, racconta!»

Ci avviamo in cucina dove, di fronte a un espresso fumante e un biscotto al cioccolato, le racconto tutto.

Vera ascolta pazientemente, esclamando soltanto un lungo «no» al momento del bacio, dopo di che mi mette la mano sul ginocchio e mi osserva serissima: «E poi?»

«Eh, e poi?» le faccio eco io, non ho ancora pensato all'e poi, *ero solo contenta di ciò che era accaduto, dell'adrenalina provata.*

«Cosa vorresti fare ora?»

«Non lo so... sparire?» le rispondo io scherzando.

«Devi scrivergli!» asserisce lei, categorica.

Scrivergli? Non avevo assolutamente pensato a questa ipotesi.

Vera prosegue sicura: «Ovvio che devi scrivergli, immaginati lui... seduto nella sua cucina in compagnia del suo Vero personale – lo so non suona particolarmente bene, ma d'altronde questo è il mio nome e non posso farci nulla – che racconta di una donna molto bella – lasciatelo dire senza falsa modestia – che lo ha inseguito in bagno – perché questo penserà lui – e lo ha baciato ma a stampo! Che cosa penserà? Ha bisogno di essere instradato... con un messaggio, non devi fare molto, credimi, l'uomo ha bisogno solamente di un segnale chiaro poi, se è interessato, proseguirà da sé...»

La guardo in questa nuova veste di consigliera sentimentale e sorrido stupita, dopo di che rinvengo: «Guarda che io sono sposata».

«Guarda che eri sposata anche ieri sera», mi risponde lei con una logica inoppugnabile.

Mentre beve il secondo caffè e mangia almeno il quarto biscotto al cioccolato, aggiunge: «Cecilia, non voglio essere il diavoletto sulla tua spalla. La decisione è tua e solo tua, e con essa tutte le possibili conseguenze. Voglio solo ricordarti i fatti: sei sposata da due anni, non sei felice né innamorata e questo è probabilmente ricambiato, hai l'età in cui sarebbe normale pensare a un figlio ma non sei sicura della tua situazione e stai aspettando. Ciò che è accaduto è in parte dovuto alla situazione e probabilmente a un feeling istintivo che hai con questa persona. Di per sé, però, va ridimensionato il tutto: non hai tradito tuo marito, né lo faresti scrivendo un messaggio a questo fantomatico Giulio, certamente però farlo significherebbe aprire una porta ed esplorare una possibilità. Vuoi provarci o no?»

Il suo discorso arriva dritto alla bocca dello stomaco. Ciò che amo di lei è che ha un modo di metterti di fronte alla realtà senza lasciare alcuno spazio di manovra, il che, se all'inizio può risultare spiazzante e perfino doloroso, alla lunga è un approccio che permette di risparmiare tempo ed errori. Ci rifletto un attimo e poi, come ieri sera, rispondo d'istinto: «Voglio scrivergli, voglio capire che cosa mi sia successo, che cosa potrebbe succedere, voglio rivedere quegli occhi neri, profondi come un pozzo».

«Non ci resta che metterci all'opera...»

«Ma scusami, averlo baciato non ti sembra un gesto sufficiente? Non ti pare che già da questo dovrebbe aver capito che sono interessata?»

«Dal tuo punto di vista è ovvio, ma dal suo... Gli hanno insegnato per anni che noi donne siamo umorali, che cambiamo idea, utilizziamo le mestruazioni e in generale gli estrogeni come scusa per giustificare ogni nostro atto bizzarro. Può aver pensato che avresti voluto baciarlo in maniera, diciamo così, più intensa ma che poi tu abbia cambiato idea a metà... Insomma, le opzioni sono molteplici e c'è un solo modo per chiarire ogni dubbio: contattarlo.»

Sospiro rassegnata, rendendomi conto che non ha tutti i torti, purtroppo, e, recuperato velocemente il numero di Giulio da una chat di gruppo, inizio a chiedermi, soprattutto, che cosa potrei mai scrivergli.

6

Giulio

Giulio è intento a fumare una sigaretta dietro l'altra e, poiché è troppo presto per concedersi altri tipi di alcolici, si prepara un ennesimo caffè corretto con sambuca. Il tutto con lo scopo di dare un senso all'episodio della sera precedente. La reazione potrebbe sembrare sproporzionata, ma nella vita ogni fatto che dà il via a una catena di eventi è solamente l'ennesimo tassello di un domino che è rimasto in piedi per troppo tempo. Quel bacio così inaspettato ha messo in moto una serie di riflessioni e il domino che è il suo matrimonio è crollato senza nemmeno opporre resistenza. Ora è il momento in cui è costretto a porsi delle domande.

Si trova in un piccolo monolocale nel centro di Roma, un appartamento inizialmente adibito solamente a studio di architettura per i suoi progetti e successivamente divenuto il suo rifugio dalla vita, o forse sarebbe meglio dire un rifugio da sua moglie.

Non riuscendo più a contenere la frustrazione, salta in piedi e prende a passeggiare per il monolocale in boxer e giacca doppiopetto – sarà anche esasperato, ma pur sempre con classe.

«Ma è mai possibile?» esclama incredulo, rivolgendosi al se stesso che vede nello specchio verticale appoggiato a terra.

«Uno ce prova nella vita, a essere bravo, a essere ligio, a stare con una moglie rompicojoni e farsela andare bene, e poi arriva questa dal nulla, bona, fascinosa, te bacia all'improvviso e se ne va. E mo' che famo?» si chiede, il romano in lui ormai libero e selvaggio.

La risposta arriva poco dopo sotto forma di messaggio sul suo cellulare.

Non sono solita baciare gli sconosciuti. Sperando di non aver invaso la tua privacy ti ringrazio, perché ho potuto finalmente sorprendere me stessa. Ceci.

Si siede, divertito da queste parole, che riescono a essere contemporaneamente spontanee e formali.

Solo una donna diversa dalle altre potrebbe scrivere qualcosa del genere e, d'altronde, questo avrebbe dovuto già essergli chiaro a questo punto.

Rompendo gli indugi, le risponde immediatamente.

Sei fortunata, a me invece queste cose capitano spesso, la mia privacy è abituata. Come stai oggi?

Ci sono treni su cui si può solo saltare, non puoi guardarli mentre ti passano di fronte. Così Giulio, senza pensarci due volte, salta sul treno e si lascia portare, non sa nemmeno dove. Anche lui, come Cecilia, si sente vivo come non gli capitava da tanto e capisce di aver fatto ciò che desiderava, per la prima volta da molto tempo.

Sto bene! Sono con una mia carissima amica e stiamo decidendo i piani per la settimana.

Addirittura? Siete così organizzate?

Voglio farle una sorpresa! Sto cercando una serata di arte o poesia aperta per farle recitare i suoi versi, visto che è anche poetessa... Ma non volevo monopolizzare la conversazione, tu come stai?

Confuso, ho in mente una bionda e non riesco a togliermela dalla testa.

Se è l'amica di Laura, la conosco bene, posso metterci una buona parola?

Vedo che sei anche simpatica.

Mmm, ma posso fare di meglio!

Spero di scoprirlo presto!

Una volta iniziato, non riescono più a smettere di scriversi. Non si dicono nulla di importante ma hanno entrambi l'urgenza di tenersi in contatto.

Giulio ha acquisito un'informazione importante: Cecilia in settimana andrà a una serata di poesia con una sua amica. Non vuole chiederle dove si terrà, perché vuole giocarsi le sue carte con astuzia. Ai suoi occhi, Cecilia è bella, probabilmente molto più bella di quanto non sia in realtà, si dice che avrà tantissimi uomini che le scrivono per chiederle di uscire. Lui vuole distinguersi, quindi inizia a cercare quali serate ci saranno in settimana: Roma è grande, ma a volte può essere molto piccola.

Gli pare che la serata più papabile sia quella del giovedì al *Public House*, dove una volta al mese organizzano degli eventi *open mic*, in cui ognuno può diventare artista per una sera e recitare, declamare poesie o cantare.

Lancia mentalmente i dadi e decide di sfidare la sorte presentandosi là giovedì sera, nella speranza di trovarvi la bella Cecilia.

Ma non si limita a questo: cerca tra i suoi contatti qualcuno che possa fargli da infiltrato e confermargli le sue teorie.

Inizia così la sua lunga e intensa attesa.

7

La serata inizia con un aperitivo tra me e Vera.

Ci diamo la carica con un paio di Americani che fanno il loro effetto in fretta, ed è grazie a loro che alla fine trovo il coraggio di dirle che andremo a una serata di open mic, *perché voglio sentirla declamare le sue poesie. Lei mi guarda esterrefatta.*

«Non ricordavo nemmeno di averti detto che scrivo!»

«Infatti tu ti sei ben guardata dal dirmelo, semplicemente lo ha detto Carlo la sera della festa, nel presentarti...»

«Ma non sai nemmeno se scrivo bene o male!»

«A'bbella», le rispondo in un romanesco che non mi appartiene. «Guarda che non viviamo nell'epoca della pietra, basta inserire il tuo nome su Google per leggerle...»

Lei solleva gli occhi con quel suo fare ferino da animale nella foresta.

«E?...»

«E me lo chiedi pure?! E sono belle, amica mia! A prescindere, ci meritiamo una serata spensierata... Pensa che bell'ambiente, una serata in cui ciascuno è libero di essere chi è davvero e può salire su un palco ed esprimere come si sente! Non è forse ciò che predicavi quella sera al ballo?»

«Effettivamente è proprio quello che dicevo di fare...» sospira sconfitta. «Ma lo dovresti sapere che bisogna sempre fare ciò che dico e mai ciò che faccio!»

Scoppiamo entrambe a ridere e la risata sancisce la mia vittoria. Andremo alla serata.

Ci alziamo e ci avviamo. Per strada, senza preavviso, fermo un passante e gli domando di scattarci una fotografia, voglio immortalare questo momento. Questa serata in cui siamo felici.

Immerse in questa atmosfera di allegria, arriviamo al locale. C'è una piacevole musica lounge di sottofondo e un palco, per ora vuoto.

Ordiniamo un altro Americano con hamburger e patatine.

Vera mi guarda con gli occhi lucidi. «Sai, sono così felice che mi viene da piangere. Ho così netta la percezione della fragilità del tutto, ma non solo, percepisco nelle ossa quanto sia tutto prezioso. Questo momento, questa serata, questa felicità, una volta sarebbero stati solo un giovedì sera con un'amica, per quanto un'amica speciale. Ma ora mi pare quasi un miracolo, questo be-

nessere che mi permea, il corpo che non mi fa più male, questo hamburger buonissimo, tutte queste persone che ci circondano piene di passione per qualcosa... Sono troppo sentimentale?»

Il suo discorso mi commuove, la capisco perfettamente: quanta vita ho sprecato? Improvvisamente mi sento tremare da dentro, forte, fortissimo, sento di essere in procinto di scoppiare a piangere, ma non voglio rovinare questo bellissimo momento.

Mi torna alla mente il bacio dato appena qualche giorno prima, gli errori che ho fatto e non voglio ripetere, mio marito, quanto sono sola in sua compagnia.

Io e Vera abbiamo parlato molto da quando ci conosciamo: di destino, di karma, di vita, di filosofia, e improvvisamente mi è chiaro.

Ecco cosa. Ho bisogno di un segno. Ho sempre amato i segni, non tanto perché avessi bisogno di qualcuno che mi dicesse dove andare, ma perché, non credendo per niente in Dio, mi serve un po' di compagnia.

Mi consola l'idea di sapere che non sono sola, ho bisogno di pensare che ci sia da qualche parte un padre gentile intento a guardare sopra di me. Quasi si trattasse di un abbraccio da parte del mondo, soprattutto la consapevolezza di non essere del tutto in balia di me stessa come un neonato in una cesta trascinata dalla corrente. Voglio pensare che ci sia qualcuno pronto a raccogliermi.

Ed eccolo lì, il mio segno: in mezzo a una serata di

risate, cocktail, hamburger, emozioni, inizia a suonare Wonderwall, *la mia canzone preferita di sempre.*

Senza rifletterci, senza avere un piano, sotto lo sguardo basito di Vera, mi alzo in piedi e a passi decisi mi dirigo verso il palco, chiedendomi come ho trovato il coraggio. Penso: che succeda quel che succeda! Sono uscita dal mio guscio ed è stato bellissimo.

Inizio a parlare a braccio.

«Vi è mai capitato di sentirvi incompresi?

«A volte dici esattamente quello che vorresti dire per attirare l'attenzione, per essere sentita. Tutti ti ignorano.

«Poi parli per caso, parole sottovoce, discorsi casuali sul cielo, sul tempo, tutto pur di non essere ascoltata, e susciti un gran clamore.

«A me le persone piacciono. Mi sono sempre piaciute, ma non riesco a comunicarci. Non mi capiscono. Io le capisco, le vedo, magari alle volte capita che le vedo troppo e mi devo proteggere da questa cosa, mi fa male.

«Devo chiudere gli occhi e le orecchie.

«Così vengo fraintesa un'ennesima volta, passo per la classica stronza, perché all'improvviso divento brusca. Ma io lo posso spiegare un giorno al Creatore, che ha sbagliato.

«Mi ha messo quel chip in più, quello della sensibilità, e da lì è diventato troppo difficile, troppo complicato gestirlo.

«Io tutte quelle cose non le volevo vedere e, soprattutto, non le volevo sentire.

«Tante, sì. Ma tutte, tutte no.

«Ho dovuto imparare ad ascoltare di più me stessa e a lasciar andare gli altri e tutte le loro emozioni, per riuscire finalmente, nella quiete, ad ascoltare le mie.

«Ci sono giorni facili e giorni difficili.

«Ma adesso parlo, senza alzare la voce – quello è inutile – però ripeto addirittura i concetti per essere compresa meglio.

«A volte seguo il mio istinto, spiazzando tutti, me stessa in primo luogo, pur di potermi esprimere. Ve lo racconto perché, se vi capita, vorrei che sapeste che io mi sentivo così, mi sentivo sola, ma ho smesso. Adesso sono uscita dalla mia testa, sono qui tra voi.

«Rimango, se vi va.»

Ritorno al tavolo come se stessi camminando su una nuvola, vedo diverse persone commosse e qualcuno si sporge per darmi il cinque.

Per essere la mia prima performance, direi che è andata bene. Torno al mio tavolo, dove trovo seduto un Giulio sfacciatissimo e sorridente che brinda con Vera. Come si sono trovati o ritrovati non lo so, è un mistero.

Loro mi sorridono felici e io mi getto senza pietà sulle patatine fritte cercando di uccidere le farfalle che volano prepotenti nel mio stomaco, farfalle per quello che ho appena fatto, per l'emozione, per essermi messa così a nudo di fronte a degli sconosciuti. In modo così profondo, senza veli. Farfalle per quell'uomo che mi sta vicino e la mia pelle che pizzica accanto a lui.

Giulio fa una battuta e io rido di gusto, e nel farlo scopro leggermente la gola, la mia mossa classica. Lui mi piace, troppo.

«Posso offrirti qualcosa da bere al bar?»

Guardo Vera, incerta.

«Andate pure, bambini, ma non combinate troppi guai», ci dice ridendo.

Capisco che questa non è una serata, è LA serata.

Non mi oppongo e seguo l'onda.

Mi alzo e vado con lui, ci mettiamo all'angolo del bar in modo da guardarci negli occhi, lui ordina un panino perché non ha ancora cenato.

«Ti sei iscritto anche tu?»

«Io sono l'ultimo», mi dice sconsolato, «poi adesso sono ancora più agitato, dopo di te non posso fare di meglio! Ho visto più di una persona piangere.»

«Be', non so quanto dovrei essere fiera di far piangere le folle», rispondo io ironica.

Lui si fa tutto serio. «Lei era arte, e l'arte deve farti sentire qualcosa. Quindi non sorprenderti se ti farà ridere e dannare, questo faranno tutte le donne vere.»

Lo guardo ridendo. «Sono troppo vecchia per queste cose, non fanno più colpo.»

«Ma io sono tremendamente serio, bellezza. E non ho alcun bisogno di usare dei mezzucci per nulla. Tra poco io salirò sul palco, tu approfitterai del momento per scomparire per sempre dalla mia vita, ma dalla mia mente non uscirai mai.»

«Ah, ma allora», aggiungo fintamente stupita, «sei uno scrittore, vedo che la scrivi e la racconti tu, la storia.»

«Ovviamente spero in un epilogo diverso, ma tu sei bella e crudele e d'altra parte, se così non fosse, non avresti mai attirato la mia attenzione. Appena ti ho vista ho smesso di respirare.»

«Crudele io? Non sai quanto sei lontano dalla verità.»

«Nemmeno lo sai, ancora meglio», dice sfregandosi le mani.

Questo gioco mi diverte, sono stata incaricata di essere crudele per il resto di quest'ora di attesa e non è affatto facile, non per me almeno. Credo che un vodka tonic mi aiuti a entrare nella parte, insieme al mio abito lungo e aderente, sebbene portato con degli anfibi da motociclista.

«Ma io non sono cattiva, è che mi disegnano così», gli dico ammiccando con le sopracciglia. Lo colgo di sorpresa e a momenti si strozza con il suo drink.

«Proprio lei! Esatto», mi risponde entusiasta, battendo le mani.

«Ma non sono io, sono solo i capelli lunghi e fluenti e il palco, per quello hai pensato a lei.»

«Sarà», dice lui sorseggiando, mentre io continuo a prendermi gioco di lui.

«Why don't you do it right, like some other men do?»

«Quello che vuoi, cara.»

Poi improvvisamente, scatto, spaventata: «Smettila con la messa in scena, con le moine da bar, perché non attaccano con me. Dimmi qualcosa di vero, dimmi dove è rimasta scoperta la tua carne».

Mi guarda sorpreso, ma sincero questa volta. Gli occhi si aprono in un sorriso tenero e buono, un retrogusto di malinconia.

«Quanto tempo abbiamo?»

«Tutto quello che vuoi.»

«Te ne ho già dette di cose vere.»

«Non sono mai abbastanza.»

«La cosa più vera è che ho paura, perché magari mia moglie ha ragione, non la lascio perché senza di lei non sono più niente.»

Mi guarda come se fosse rimasto all'improvviso nudo, allora metto in pratica quello che ho imparato da Vera, ascoltandola parlare della sua malattia: senza vergogna e con naturalezza lo abbraccio.

Perché di fronte ai dispiaceri della vita non c'è niente da dire, c'è solo da stringersi gli uni agli altri e aspettare che faccia meno male.

Dopo un lasso di tempo imprecisato, si abbandona e ricambia l'abbraccio. Rimaniamo così, più vicini di tante persone che si vedono ogni giorno per anni senza conoscersi mai. Dire la verità ormai è tabù e la compassione viene temuta perché se ne è perso il senso etimologico: sentire insieme all'altro.

Quando ricominciamo a bere, lui torna a fare lo splendido per stemperare la tensione, e io glielo lascio fare, questa volta più bendisposta.

Lo chiamano per il suo show. Gli auguro in bocca al lupo e, con un gesto che mi appartiene, faccio scivolare nella sua tasca un tovagliolo con lo stampo di un bacio rosso.

Lo ascolto cantare una canzone di un romanticismo infinito e mi chiedo se sia un caso.

Non lo saprò mai.

Ma in realtà lo so già.

8

«Amici, ho pensato a una festa speciale per voi quest'anno… e c'è un piccolo indovinello: chi lo risolve riceverà un dono.»

È Adriano che parla a tutti i presenti, durante la festa di compleanno che gli ho organizzato. Facile capire come possa rimanere sorpresa non sapendo nulla di questa idea.

Mentre sto tentando di farmi largo tra la folla per capire come comportarmi, lui mi sorride tenero dicendo: «Mia cara, non preoccuparti e gioca come tutti gli altri».

Dall'alto delle scale, bello e diritto, declama alcuni tra i miei versi preferiti.

«C'è un posto nel mondo dove il cuore batte forte, dove rimani senza fiato per quanta emozione provi; dove il tempo si ferma e non hai più l'età.

«Senza toccare internet, miei cari ospiti, chi sa qual è questo posto?»

Devo rispondere, è la mia poesia preferita. Le parole

di Alda Merini fluiscono leggere dalla mia bocca e, prima di rendermene conto, faccio un passo avanti. Siamo tutti disposti nella sala di ingresso e guardiamo in alto, le persone sono tante ma, appena mi muovo, si forma un piccolo varco. Mi sento Mosè tra le acque del Mar Rosso.

«Quel posto è tra le tue braccia, in cui non invecchia il cuore, mentre l'anima non smette mai di sognare», *dico io.*

Lui sorride, di un sorriso largo e sincero. Lo guardo come l'ho guardato la prima volta, è bello. Sicuro di sé, sembra pronto a dirmi cosa fare in modo da spegnere tutte le domande che mi abitano da sempre.

Mi era piaciuto così tanto all'inizio, e poi... fast forward qualche anno... no. Non è lui, lo so.

Sento la presenza di Giulio nella stanza. Nell'immobilità comune, lo vedo allontanarsi e dirigersi verso il bagno.

Adriano scende le scale, un cameriere si avvicina con una bottiglia di champagne da almeno sei litri. Io respiro piano e mi sento scomparire. Lui giunge infine di fronte a me e si inginocchia.

«Bravissima, amore mio. Hai vinto, non solo risolvendo questo piccolo indovinello, ma soprattutto risolvendo il puzzle del mio cuore. Mi hai ridato il pezzo che mi mancava e non posso più pensare di farne a meno, per il resto della mia vita. Rinnoviamo i voti?» è un attimo. Penso no e dico sì. Tutta la gente intorno, tutti gli amici che ci guardano: non avrei saputo fare altrimenti. Ri-

mango intontita da un lungo applauso e dalla bottiglia che viene stappata. Tutti mi si avvicinano per baciarmi e congratularsi mentre io vorrei solo scappare.

Lui saluta tutti e dimentica di baciarmi.

La pièce teatrale è finita, il personaggio è tornato persona. Sospiro di sollievo. Dopo almeno un quarto d'ora di questa tortura, fatta di baci, strette di mani, germi alieni, fotografie impostate rifatte dieci volte fino a che tutti non escono belli, arriva Vera e nel baciarmi mi versa addosso tutto il contenuto del proprio bicchiere. Mi guarda compiaciuta e mi sussurra nell'orecchio: «Forse è il caso che tu vada in bagno a ricomporti».

Faccio per andare a sinistra e lei mi afferra per il polso, di nuovo mi si avvicina all'orecchio: «No, cara, ti puliresti meglio nell'altro bagno. Vai e non fare niente che io non farei».

Finalmente, nel caos della mia mente si fa strada un pensiero preciso e colgo l'allusione.

Mi dirigo verso il bagno a grandi passi – cos'è che lega me e quest'uomo ai bagni? – apro la porta ed entro.

Lui è intento a fumarsi una sigaretta. Si gira, mi guarda, sorride. Accenna all'anello con la testa, tutto un punto interrogativo.

«Risolverò», dico io.

«Come?»

«Più facile di quanto tu non creda.»

Ci riflette un attimo. Si avvicina in modo pericolosamente lento. Sento la pelle tremare a ogni passo che fa.

Quando finalmente mi è di fronte, mi accorgo di avere la pelle d'oca, ovunque. Mi guarda negli occhi e mi sento annegare, affogare, e poi riemergere per respirare a pieni polmoni, tutto allo stesso momento.

«In effetti, tutto è facile quando sai che cosa vuoi. Tu mi vuoi?»

«Sì», rispondo io.

Si avvicina e mi appoggia le labbra sul collo.

«Sì», la mia voce si fa un soffio, un urlo sottovoce, ma soprattutto si fa preghiera.

Mentre mi bacia, mi sfila piano l'anello e lo mette in un cassetto.

Mi mette a sedere sul lavandino, mi posa le mani sulle ginocchia e la testa in grembo.

«Cosa devo fare con te?» mi dice, quasi disperato.

«Tutto», rispondo io guardandolo negli occhi, perché arrivati qui, dove mai pensavo di trovarmi, tanto vale scavalcare tutte le barriere e buttarsi al di là del fosso.

Succede quel che doveva succedere e, mentre lui entra in me, penso che mai mi ero sentita così a casa come in questo momento.

Cecilia si sveglia senza fiato.

«Era solo un sogno», realizza con gioia e disappunto. Ieri sera Giulio se ne è andato per primo e lei e Vera sono tornate a casa ridendo e scherzando, Vera decisamente a favore della liaison, ora.

«Tra un mese è il compleanno di Adriano, me ne ero completamente dimenticata!» esclama Cecilia ricordando improvvisamente che ha una serie di chiamate programmate per iniziare a organizzare la festa per lui.

Viene assalita da un forte senso di colpa, sa di non essere una traditrice e di non esserlo mai stata.

Non sa cosa sia successo. È consapevole dei suoi problemi con Adriano, ma in fondo sono tranquilli insieme.

Certo, lui alle volte è un po' disattento, capita che passino del tempo insieme ognuno immerso nel proprio cellulare, ma è normale, no?

Chiaro, si risponde solerte. Cerca di negare l'evidenza, di convincersi a rimanere sulla strada comoda.

Sa di non essere felice, nemmeno lui lo è, con ogni probabilità, ma si concentra sugli aspetti positivi. Sulle loro abitudini, su come riesca a mantenere la sua indipendenza, su come si senta al sicuro.

A essere onesta, sognava una vita diversa... ma chi potrebbe dire il contrario?

Avrebbe voluto più tempo per viaggiare, più coraggio per sviluppare i propri sogni.

Avrebbe voluto dipingere, mettere su tela i suoi sogni, dar loro corpo e materia, sostanza.

Sarebbe stato stupendo poter giustificare i suoi malumori dicendo di essere un'artista.

Ma non ha mai considerato il suo lavoro di agente immobiliare un ripiego, perché l'idea di diventare artista era, appunto, un'idea. Una fantasia che si è distrutta appena confrontatasi con la realtà.

Sa bene che avrebbe potuto iscriversi a dei corsi, esporre anche solo nei quartieri, fare cose piccole per sfogare la sua parte più eclettica, come sempre aveva desiderato. Questo però avrebbe comportato aprirsi, mettersi a nudo...

Ha sempre sostenuto che non ne sarebbe stata capace, ma sarebbe bastato credere più in se stessa quando era più giovane, è a questo che serve la gioventù. Mettersi in testa delle idee assurde e seguirle fino in capo al mondo perché si è invincibili.

Cerca di concentrarsi.

Tutto la riporta al viso di Giulio e alla sensazione dei suoi occhi piantati nei suoi, la sensazione di essere in un posto pieno di gente a parlare e dimenticarsi di tutti.

Sente un calore salirle dalla pancia ogni volta che questi flashback la colgono di sorpresa.

Si impone di mettersi al computer a controllare le e-mail e a chiedere preventivi per la festa.

La testa china sullo schermo. Poi qualcosa le viene in mente, sempre.

Immagini di Adriano che la bacia sorridente.

Lei che bacia Giulio.

Conversazioni al telefono.

Squarci di film romantici.

Scuote la testa. Respira a fondo. Torna a lavorare,

periodicamente interrotta da un altro pensiero, un altro flashback.

Come in un classico dopo sbronza, passata l'euforia del momento rimane con i cocci in mano.

Guarda i segni tangibili della sua vita con Adriano sorriderle placidi e allettanti, disseminati in ogni angolo della casa.

Ogni quadro, ogni mobile, tutto ciò che hanno comprato durante i loro viaggi: una tazza, un soprammobile, un tappeto, una coperta. Oggi le sembrano delusi, sconfortati. «Ci hai traditi?»

«No, ragazzi, non vi ho traditi, è che voi siete dei bellissimi trofei, testimoni di una vita comoda e allettante.»

È per questo che ha baciato Giulio l'altra sera? Era stufa di tutto questo silenzio, fuori e dentro? Cercava forse di dare un senso al suo sentirsi sola con un po' di passione?

Queste domande la circondano come pugili in un ring, la incalzano fino a metterla all'angolo. Non c'è più aria, la respirano tutta loro, si sente soffocare.

La fronte si fa leggera e annebbiata, il petto diventa pesante. Stava bene fino a un attimo fa e ora sta soffocando in una stanza piena di ossigeno. È quasi al KO tecnico. Chiude gli occhi e inizia a contare.

Poi tutto riprende ad andare alla normale velocità.

L'attacco d'ansia la lascia ancora più emotivamente sfinita di quanto già non fosse, si addormenta sul divano cercando di perdonarsi per tutta la confusione che abita la sua testa.

Viene svegliata dal telefono che squilla: è la sua party planner, che vuole fissare un appuntamento per iniziare a programmare la festa. Ma a lei non interessa. Pare una scena de *La Bella e la Bestia*. La bestia è colpita, si accascia al suolo e si lascia attaccare senza difendersi.

Si sente così, poco interessata a ciò che sarà.

Io vorrei, non vorrei, ma se vuoi... Mettano pure le decorazioni che preferiscono. La sostanza non cambierà. La festa è una farsa, le è sempre più evidente. Lei e Adriano sono una farsa. La sua vita intera lo è, ed è chiaro che avrebbe potuto fare l'attrice, specializzata in melodrammi. Ma tant'è.

Già sa che si farà trovare pulita e pettinata, tutta in ordine e sorridente per non rovinare la reputazione di Adriano, così importante per la sua carriera. Perché è questo che fanno le brave mogli, giusto?

Il suo personale *pity party*, il party della pietà verso se stessi, viene interrotto nel migliore dei modi: un messaggio sul cellulare. Getta il telefono sul divano come se scottasse. Prova un tuffo al cuore perché sa che è Giulio.

Conosce il suo intuito, a volte vorrebbe sbagliarsi, ma purtroppo non succede mai. Il pensiero di lui la riscalda; arrossisce, ride, si porta le mani alla faccia.

Trova il coraggio di prendere in mano il cellulare e leggere il suo messaggio.

Domani gita?

Come a dire: vedo, e rilancio.

Cecilia chiama Vera in uno stato a metà tra l'esaltazione e il panico. Le riferisce il contenuto stringato del messaggio ricevuto, mentre all'improvviso si ricorda che ha un marito e non dovrebbe concedersi sognanti gite con altri uomini.

Ma Vera è felicissima all'idea e insiste: «Devi assolutamente rispondergli di sì!»

Cecilia replica un po' piccata, ma è impossibile arrabbiarsi con lei, e non perché le dice: «Guarda che se ti incazzi mi gioco la carta cancro», ma perché alla fine, giusto o sbagliato che sia, le sta dicendo esattamente ciò che lei stessa vorrebbe fare.

Una volta deciso che lo vedrà, lei e Vera chiacchierano per un po' di come si vestirà, di cosa parleranno, di cosa succederà.

Ci vuoi andare a letto o meno?

Come se fosse qualcosa da decidere prima, per essere preparate.

Avrebbe voluto passare la giornata a compatirsi a letto, chiedendosi se non stesse buttando all'aria un matrimonio per delle insoddisfazioni poco rilevanti. Ma le farfalle dallo stomaco le volano in testa, e non riesce più a pensare a niente.

«Sarà quel che sarà», perché ha un sorriso da imbecille stampato in volto e non c'è verso di toglierglielo.

9

La sera stessa le giungono le indicazioni di Giulio riguardo al loro incontro.

Per la prima volta in vita sua, Cecilia si ritrova a nascondersi: deve chiudersi a chiave in bagno, aprire l'acqua della doccia per ingannare meglio suo marito e iniziare a mandare messaggi sul telefonino mentre se ne sta accovacciata per terra.

Evidentemente, anche Giulio è ben consapevole delle loro rispettive condizioni e le dà appuntamento per la mattina successiva alle dieci, al centro commerciale Euroma2.

Una volta fissato l'appuntamento, Cecilia si sente sporca, ma cerca, per quanto possibile, di scacciare questa brutta sensazione. Si dice che, quando si è in ballo, tanto vale ballare. Penserà alle conseguenze una volta finita questa giornata di avventura.

L'indomani mattina, finge di dormire mentre Adriano

si prepara per andare al lavoro: qualunque cosa pur di non doverlo affrontare.

Appena lui esce, Cecilia, libera, salta fuori dal letto con un balzo energico, accende una musica allegra e si butta sotto la doccia. Poi inizia tutti i suoi tipici rituali di seduzione: si spalma abbondante olio alle mandorle sul corpo; passa in rassegna i profumi ben esposti su una mensola – ne ha uno per ogni occasione – e, dopo un attimo di indecisione, sceglie la stessa rosa che indossava la sera della cena. L'olfatto è il senso più sviluppato e Cecilia vuole subito radicarsi nella mente di Giulio, una delle tante astuzie femminili di fronte alle quali gli uomini sono davvero vittime innocenti.

Opta per un pantalone nero ampio e una T-shirt bianca di cotone, sotto la quale si intravede, malizioso, un reggiseno di pizzo.

Nervosa, si ritrova a indugiare in cucina, si prepara un caffè, prende un biscotto, apre un cassetto per poi chiuderne un altro.

A quei movimenti inutili corrispondono ben più profondi pensieri. La sua mente non trova pace e il suo corpo la segue.

Di punto in bianco, senza alcun preavviso, nemmeno per se stessa, inspira profondamente, afferra le chiavi di casa e uno spolverino bianco che giace inerme sul divano e, dopo aver chiuso i suoi pensieri in uno dei tanti cassetti della cucina insieme ai cucchiaini che erano fuori posto, si avvia decisa verso la porta di casa.

Prima di salire in auto, dà un ultimo sguardo nostalgico alla casa, quasi temesse di non trovarla più uguale al suo ritorno.

Percorre la mezz'ora di macchina che la separa dal luogo dell'incontro con la testa completamente nel pallone. Le balenano nella mente innumerevoli immagini, così tante da non riuscire davvero a concentrarsi su nulla. La strada scorre veloce; come se avesse inserito il pilota automatico, Cecilia supera diverse macchine e si ferma ai semafori rossi senza davvero vederli.

Finalmente arriva al parcheggio. Ci sono poche macchine, individua senza difficoltà Giulio che l'aspetta.

Con una naturalezza che non le appartiene e che non è minimamente lo specchio del turbinio di emozioni che in questo momento la possiedono, Cecilia scende e si avvicina all'auto di lui per bussare al finestrino. Quando Giulio scende dalla vettura, lo saluta con un bacio sulla guancia, come se fossero grandi amici da sempre. A vederli dall'esterno, non sembrano affatto due amanti, e infatti, tecnicamente, non lo sono ancora.

Si trovano sospesi in una dimensione indefinita di infinite possibilità, leggono l'uno negli occhi dell'altra tutto quello che potrebbe o non potrebbe accadere. Qualunque giudizio sulla moralità o immoralità delle loro azioni recenti e future non può che essere sospeso di fronte alla tenerezza che ispira la goffaggine di entrambi mentre restano immobili in questo attimo eterno.

Giulio non vuole rivelare a Cecilia la destinazione. Lei, costretta da tempo a sostenere il marito nelle sue fissazioni sul controllo e l'organizzazione, è estremamente divertita da questa sua testardaggine, quindi, rassegnata, inizia a giocare con le stazioni radio fino a che l'autovettura non viene riempita dalle calde note di una bellissima canzone di Zucchero.

Entrambi iniziano a cantarla a squarciagola.

Si guardano sorridendo, Cecilia abbassa leggermente il volume. «È proprio così», commenta. «Ci sono momenti nella vita in cui si è invasi dalla bellezza e altri in cui si è invasi dalla tristezza, è come quella poesia di Pessoa: *L'importante è essere naturali e tranquilli nella felicità e nell'infelicità.* Poiché entrambe sono parte del nostro percorso, dovremmo solo accettarle quando arrivano e guardarle fluire... non trovi?»

Giulio scosta per un attimo lo sguardo dalla strada e la osserva.

«Io in realtà ero più concentrato sul verso in cui canta 'come sei bella', perché quando ti guardo rimango sempre un po' stupito... Ma ora mi fai sentire superficiale», risponde ridendo. Poi si fa un po' più serio e aggiunge: «Certo, riuscire ad accettare felicità e infelicità come fatti naturali della vita senza affannarsi troppo sarebbe stupendo, ma lo trovo altamente improbabile».

Cecilia fissa l'orizzonte davanti a loro. «Eppure, deve esserci un modo...» aggiunge, tra sé e sé.

Per il resto del tragitto si raccontano più che altro la quotidianità del lavoro di lei, la vita di lui come architetto di interni, e qualche opinione sui loro amici in comune. Finché arrivano alla meta: il porto di Ostia.

Giulio parcheggia, scende dalla macchina e si avvia ad aprire la portiera di Cecilia, le tende la mano per aiutarla a scendere mentre con l'altra le porge un pacchettino che lei afferra compiaciuta e sorpresa.

«Non sapevo di dover portare un dono!»

«Più che un dono, è qualcosa che ti servirà, ma tu non avresti potuto saperlo, visto che non ti ho rivelato la destinazione.»

Cecilia apre delicatamente il pacchetto e vi trova un costume intero blu a righe bianche.

«Volevo prenderti un costume più giovane e moderno, ma poi ho temuto che mi prendessi per un maniaco...» spiega Giulio.

Cecilia scoppia in una risata sonora, perfettamente intonata con il sole che in questo momento splende alto sulle loro teste.

«È arrivato il momento di svelarti il piano: ho una piccola barca a vela, ogni tanto la uso per scappare a chiarirmi la mente qualche ora. Ho voluto portarti qui fin dall'altra sera; non è un pensiero che ho formulato, ma piuttosto si è presentato già formato nella mia mente: l'idea di te sdraiata a prendere il sole mentre ti cucino un piatto di pasta.»

«Chi sono io per impedirti di realizzare i tuoi sogni?» risponde lei senza pensarci troppo.

Giulio la conduce verso la barca. Cecilia non è mai stata in barca e si lascia portare a bordo fiduciosa, seguendo attentamente le sue istruzioni.

Toglie le scarpe, infila una felpa che lui le porge per proteggerla dal vento, e si mette seduta mentre lui esegue tutte quelle strane procedure necessarie a salpare. Cose di funi, ancore, vele, nodi, cazzate (letteralmente), letture di carte, e così via.

Giulio non sembra minimamente innervosito, come sono invece spesso gli uomini quando devono imporre il proprio ruolo di maschio alfa svolgendo un compito. Lui è tranquillo. Emana una serenità che fa sentire Cecilia fiduciosa e protetta.

Finalmente salpano verso il mare aperto. Lei gli sta seduta a fianco, mentre lui è al timone. Il rumore del mare tutto intorno a loro la incanta, così come il colore profondo delle gocce d'acqua che si creano a mano a mano che la barca fende il mare, creando mille piccoli arcobaleni tutt'intorno.

Lui le prende la mano e se la porta al cuore, gliela bacia leggermente e poi la rimette sul grembo di lei. Il cuore di Cecilia reagisce a quel bacio con una piccola rumba di battiti felici.

Capita di rado di trovarsi entrambi immersi nello stesso silenzio, siamo spesso soli in compagnia degli altri persino quando parliamo, in questo caso invece due semi sconosciuti si ritrovano a solcare il mare insieme senza dirsi una parola e, anziché essere entrambi persi in pensieri di ieri o di domani, sono a tal punto presenti nell'istante da diventare una cosa sola, insieme al mare stesso, come onde libere. Non serve parlarsi, stanno vivendo lo stesso attimo con le stesse emozioni addosso, talmente intense da non lasciar spazio ai pensieri. Sono e basta, non servono fronzoli, non serve altro.

Quando arriva il momento di attraccare, Giulio àncora la barca in rada, una procedura piuttosto lunga durante la quale Cecilia impara che l'àncora può arare. Provano e riprovano fino a riuscirci.

Lui si dirige verso la piccola cucina che si trova nel ventre dell'imbarcazione, lei, infilato il costume che lui le ha gentilmente donato, si dirige a prua per prendere un po' di sole. L'aria è frizzante ma piacevole e, al contrario di quanto si sarebbe immaginata, si rilassa al punto di addormentarsi. Viene risvegliata da un bacio sulla guancia, la barba ruvida di lui, il profumo di una colonia maschile sconosciuta, le sue mani forti e gentili, tutte cose che la sua mente annota mentre si sveglia e che le rimarranno addosso per molto tempo a venire.

«Mia Divina, il pranzo è pronto», dice Giulio con un leggero inchino.

«Divino, arrivo.»

A poppa l'attende una piccola tavola apparecchiata con tovagliette di paglia, un vasetto con dentro un fiore, e due piatti di pasta all'amatriciana fumanti con a fianco due bicchieri di vino rosso.

Lei lo guarda un po' ironica: «E se fossi vegana?»

«Sarebbe meglio saperlo subito. Tutto questo sarebbe inutile.»

Scoppiano entrambi a ridere e si siedono a gustare il cibo.

Giulio le chiede di suo marito, delle sue passioni.

«Adriano è... non lo so. È okay, immagino. Ma... non lo so, mi sembra di essere così cambiata in questi anni, come se un velo mi fosse caduto dagli occhi. Mi sento in colpa perché non posso dire che lui sia cambiato, sono io che vedo le cose diversamente. Prima mi sembrava una persona così socievole ed era qualcosa che mi piaceva, mi stimolava. Ora mi sembra di essermi accorta d'improvviso che tutto è finto, che nemmeno a lui piacciono davvero le persone che frequenta. È un obbligo, qualcosa che gli serve per apparire migliore, e io mi sento sempre più soffocare.»

Si ferma, fa un respiro, mangia una forchettata di pasta e beve un sorso di vino.

«Certo, mi sento soffocare, ma non ora. Non qui. Non in mezzo al mare, dove finalmente riesco a vedere l'orizzonte senza intoppi, riesco a sentire il rumore dei miei pensieri – forse, riesco persino a sentire il rumore dei tuoi pensieri!»

Lui sorride soddisfatto.

Una volta finita la pasta, si spostano a prua dove lui le porta il caffè con un piccolo vassoio di dolci. Cecilia preleva la crema di un bignè con un cucchiaino e la tuffa nel caffè per sorbirlo felice, la crema le macchia il labbro superiore e lei si pulisce con la lingua ridendo.

Giulio la guarda. «Sei uno spettacolo», le dice, incantato.

«Potrei abituarmi... sia alle lusinghe sia a questi manicaretti, sai?»

«Ti prego, fallo!» risponde lui, guardandola fissa negli occhi con un'intensità che prima di oggi era sconosciuta a entrambi.

Cecilia sente lo stomaco stringersi e poi allargarsi e stringersi di nuovo e poi, all'improvviso, il vuoto e il pieno tutto insieme. Si sorprende a pensare che quelle sono le famose farfalle nello stomaco di cui tutti le hanno sempre parlato, e capisce in un secondo l'enorme stupidaggine che ha fatto a sposare qualcuno per cui non le aveva mai davvero provate.

Spostano il caffè e si fanno più vicini, lui la abbraccia e affonda il naso nei suoi capelli, inspirando. Appena lei appoggia la testa al suo petto, Giulio emette un sospiro di sollievo e piacere insieme, come se fosse tutta la vita che aspettava quel momento e solo in quell'istante avesse trovato l'incastro perfetto, il tassello mancante del puzzle. Finalmente trova il coraggio di guardarlo negli occhi e di chiedere: «Mi dici qualcosa di vero?»

«Certo: quello che sto facendo, quello che sto per fare, lo rifarei. Ma non lo rifarò.»

Si tuffa su di lei, con gentilezza e desiderio insieme. Si scambiano un bacio dolce e al contempo pieno di passione, le mani di entrambi esplorano il corpo dell'altro, a tratti indugiando, a tratti spingendosi oltre. Giulio la spoglia piano, senza fretta, come se avesse tutto il tempo del mondo. Cecilia lo lascia fare lasciva. Una volta terminato, lui si sposta per ammirare la meraviglia di quel corpo nudo in mezzo al mare.

«Sei perfetta», dice guardandola intensamente.

Lei sembra quasi svegliarsi da un incantesimo.

«Lo so, sarebbe fantastico fare l'amore qui, sulla prua della barca, in mezzo al mare, ma ho assoluta necessità di privacy, non ci posso riuscire!»

Per la prima volta in vita sua, Cecilia non si sente in colpa a negare i desideri sessuali di un uomo, non ha paura di infastidirlo, o di non essere all'altezza.

Con la stessa naturalezza, Giulio la avvolge in un asciugamano, la solleva tra le braccia e la conduce nella piccola cabina della barca.

Dopo averla deposta sul letto, le si avvicina e la bacia ovunque, determinato a scoprire ogni segreto di quel corpo, ogni neo, ogni segno che la vita le ha lasciato addosso.

Fanno l'amore al ritmo delle onde, completamente liberi in mezzo al mare, dimentichi di qualunque cosa; finalmente capiscono che cosa significa essere una cosa sola.

Non ha nulla a che spartire con le facili retoriche dei grandi amori da romanzo, è una sensazione che la vita regala e che si può provare solo quando si smette di pensare all'altro o a cosa sia giusto e sbagliato. Passano innumerevoli volte dal fare l'amore a, semplicemente, scopare.

È come togliere un freno e lasciare fare ai corpi, lasciare che parlino tra di loro mentre le menti si spengono, perché sono inutili, non sanno niente.

Il loro amore finisce con una grande onda di piacere per entrambi che li lascia spossati e felici, si guardano negli occhi con un sorriso ebete, senza parlarsi.

«Se non fossimo sposati entrambi, giuro che ora mi alzerei e ti porterei in chiesa per sposarti subito», dice Giulio guardandola negli occhi.

«Sei pazzo», replica lei, ridendo.

«Sei pazza tu, se non sai che sono serissimo.»

Di lì a poco, si addormentano l'uno nelle braccia dell'altra.

10

CECILIA e Giulio si risvegliano frastornati da loro stessi, si ritrovano abbracciati e stranamente rilassati.

Ma il risveglio idilliaco dura poco, il tempo di guardare l'orologio e capire che si è fatto tardi e devono rincasare.

Decidono di non rivedersi fino a che non avranno risolto le situazioni con i rispettivi coniugi. Si lasciano dopo molti abbracci, con la promessa di rivedersi single e liberi di scoprire dove li porterà tutta questa passione. Con il rischio sottinteso, per entrambi, che questa giornata resti solamente una bellissima parentesi dentro una vita coniugale insoddisfacente.

Una volta in macchina, Giulio è assalito dai pensieri, ma è stranamente risoluto, sa che cosa deve fare, andando controcorrente rispetto allo stereotipo dell'uomo che non lascia mai. Ma lui è soffocato da una moglie maniaca del controllo, per la quale l'ostentazione del proprio benessere economico è più importante di ogni cosa.

Quando, in passato, ha tentato di lasciarla, si è limitata a rispondere laconica che «persone come loro» non divorziano ma hanno storie parallele. «Esci, divertiti, poi torna a casa e cerca di averne ancora anche per me.» Parole con cui ha dimostrato un animo così arido che lui non è più riuscito a guardarla con gli stessi occhi.

Se prima di Cecilia si sentiva impotente di fronte alla forza della moglie, adesso si rende conto che non ha scelta, deve andarsene. È sollevato da quel senso di urgenza, è un motivo così valido che nulla di ciò che lei potrà dire riuscirà a dissuaderlo.

Lo preoccupa solo sapere Cecilia così tormentata dai sensi di colpa e da mille pensieri. Sente istintivamente che lei ha un animo troppo sensibile per vedere lo squallore del marito.

Lo sa perché la capacità di lei di vedere il meglio in tutti è una delle cose che gliela fa amare così tanto, così in fretta.

Giulio, più cinico, ritiene invece che i loro rispettivi coniugi si meritino a vicenda.

È ancora alla guida quando decide di andare con la moglie alla festa di compleanno di Adriano; vuole vedere che succede e soprattutto rivedere Cecilia: questo loro accordo di non rivedersi fino a che non saranno entrambi liberi lo sta già lentamente uccidendo, e non si sono separati da nemmeno un'ora.

Vorrebbe correre sotto casa sua e farle una serenata, o declamarle a gran voce la scena di Romeo al balcone di Giulietta mentre lei lo guarda attonita dalla finestra per poi concludere con un: «Cielo, tuo marito!» e balzare nei cespugli lasciando a Cecilia l'onere di spiegare tutto.

Invece si deve accontentare di andare alla festa di compleanno del marito della donna che è ormai sicuro di amare, pur di vederla. Come è grama a volte la vita.

Mentre Giulio fantastica, Cecilia, ancora al volante, riceve una telefonata di Vera.

«Ciao tesoro, volevo chiederti una cortesia: domani devo fare la PET, hai voglia di accompagnarmi? Non posso chiederlo alla mia famiglia, perché quando mi accompagnano in ospedale si comportano come se fossero loro i malati!»

Le parla come se Cecilia sapesse che cosa è una PET. Sul momento, lei finge di saperlo, non sa per quale stupido motivo.

L'esame è il giorno successivo, nel primo pomeriggio, e si danno così appuntamento alle dieci di mattina.

Cecilia suggerisce di incontrarsi in un bar, per pentirsene non appena terminata la chiamata, quando legge su internet che è necessario essere a digiuno totale per l'esame.

Le invia un messaggio di contrordine e decidono di trovarsi al loro parco, che si trova poco distante da dove Vera dovrà effettuare il controllo.

11

Sono sedute su quella che ormai è la loro panchina, una di fianco all'altra. Mancano solo un paio di occhiali scuri, un impermeabile e un quotidiano per farle sembrare due agenti segreti. In un certo senso lo sono, stanno per andare a stanare il nemico, tendergli una trappola, vedere cosa fa. Capiranno se è davvero in ritirata, come tutto sembra far credere, se si è arreso oppure se, piano piano strisciando, da quella serpe che non è altro, sta cercando di tornare all'attacco.

Testardo.

Bastardo.

Vera è un po' più grigia del solito, ha addosso la faccia di una che non ha dormito molto negli ultimi giorni. Anche Cecilia non ha dormito molto, ma nel guardare il viso dell'amica si rende conto di quanta parte dei suoi problemi si sia creata da sola e possa risolvere da sola.

Qualunque cosa accada, sia che finisca per restare con

Adriano, sia che Giulio decida di smascherarla pubblicamente per la traditrice che è, lei, alla fine, starà bene.

Il suo corpo, la sua mente, saranno sane. Ci sarà vita e dunque speranza. Potrà prendere in mano le redini e cercare di portare se stessa ovunque vorrà andare.

Negli occhi di Vera, invece, si legge chiaramente la necessità, l'urgenza che questo controllo confermi le buone notizie ricevute ultimamente. Se così non fosse, il corpo non starà più bene, la mente di conseguenza soffrirà e cederà un po', non ci sarà verso di prendere in mano le redini della propria vita, potrà solamente seguire delle fredde istruzioni, uguali per tutti gli altri pazienti. Una pecora in un gregge.

Un gregge che ubbidisce alle dure leggi della natura: alcune pecore sono destinate a perdersi, altre a essere divorate dai nemici.

Vera non ha altra scelta che andare avanti e sperare per il meglio.

«Ci chiamano combattenti, e certo lo siamo, certo lo sono, ma ci sono giorni... giorni in cui mi sento così impotente... Soprattutto durante le cure, quando mi chiamavano per spostarle, quando il mio corpo non collaborava e non era in grado di sostenere la terapia e dovevo tornare a casa. Impotente.»

Sospira.

Cecilia le prende la mano tra le sue e le sorride. Lei chiude gli occhi, illuminata da un caldo raggio di sole.

«Distraimi», le dice sorridendo. «Come vanno i preparativi per la festa?»

Cecilia capisce che distrarla con un argomento leggero è l'unica cosa che può fare per lei in questo momento ed è più che felice di accontentarla.

«Puoi immaginare il mio entusiasmo pensando alla festa!» le dice ridendo.

«Speriamo che non si concluda in tragedia! Come ti vestirai?»

Tentano di portare la mente su discorsi allegri, vogliono leggerezza.

«Ah, non vedevo l'ora di avere una scusa per indossare un abito elegante! Ne ho provati un po', ma forse devo andare a comprarmi qualcosa di nuovo...»

Vera inizia a snocciolare nomi di marche, negozi, colori e forme di vestiti che potrebbero starle bene.

Cecilia trova bellissima la semplicità con cui è possibile essere stati a lungo immersi in un incubo – Vera con tutte le gambe, mentre lei solo affacciata – e poi riuscire a ridere, a dimenticarsene, a stare leggeri e a godere della vita.

Forse, solo tramite esperienze di dolore e difficoltà si può imparare davvero a vivere nel qui e nell'ora, perché l'unica cosa vera è che adesso sono lì sedute su quella panchina nel verde e c'è un profumo avvolgente, gli uccellini cantano e le persone intorno a loro paiono felici.

Dopo, dopo sarà ospedale, odore di disinfettante, sarà sotterraneo, sarà fastidio.

Ma ora niente di tutto questo importa, sono solo due donne che ridono e scherzano tra loro.

Prima di allora, Cecilia non ha mai intuito di che cosa gli esseri umani siano veramente capaci, era solita considerare persone come Vera eccezionali, come se gli eroi dei libri appartenessero a una cerchia di eletti cui lei non avrebbe mai potuto aspirare di fare parte.

Ora si rende conto che siamo tutti così e che, se chiamati a raccolta, diventiamo tutti eccezionali, per il semplice motivo che non c'è scelta.

«Senti ma... non hai qualche bel ragazzo per me?!» le chiede Vera, con il suo tipico candore scanzonato.

«Purtroppo no... sono tutti sposati! Ma ti divertirai, te lo prometto, anche se non sono sicura che i nostri invitati siano la compagnia giusta per te, tendono ad alzare un po' troppo il gomito, e non so se è una cosa adatta alla tua situazione...»

«Non preoccuparti, non mi ha uccisa il cancro, non mi uccideranno tre shot di vodka, cara!»

Le piace quando Vera è così dissacrante. Fa battute a raffica sul cancro, sui capelli corti, sulla morte. Le dice: «Il mio cancro era ormonale, è perché sono troppo donna. Mi vedrai domani sera avvolta nel mio tubino, altro che tutti sposati!»

Ridono per il gusto di ridere e fa bene a entrambe.

Alla fine, arriva il momento di andare e si incamminano verso l'ospedale.

Check-in, poi al piano di sotto, verso il reparto di Medicina Nucleare.

Vera le racconta che odia essere chiusa in quelle macchine. Per affrontare la radioterapia porta con sé un iPod con una lista musicale da ascoltare.

Prima che iniziasse a usarlo non riusciva a stare ferma, perché non riusciva a respirare con calma, il macchinario la terrorizzava. A causa di questo problema i tecnici non potevano sottoporla alla terapia, hanno dovuto rimandare le sessioni per diverse settimane. Le radioterapie di nuova generazione, infatti, hanno un fascio super preciso per evitare di danneggiare il tessuto circostante, è necessario quindi prendere le misure in base allo spostamento del corpo quando si respira, e in base a quello vengono fatti dei piccoli tatuaggi. Vera ovviamente è stata costretta sia a riprendere le misure sia a rifare i tatuaggi.

Quei piccoli puntini blu sul petto e sulle costole, dice, le ricordano un po' i numeri dei prigionieri dei campi di concentramento. Tutti segni imposti sul corpo, spiega infastidita alla sua amica.

Molti pazienti riferiscono che la radioterapia non è nulla, ma lei soffre di claustrofobia, o forse, semplicemente, ne ha avuto abbastanza di questo circo.

Cecilia è dispiaciuta nel vedere come Vera consideri questa difficoltà una debolezza, e come sia dura con se stessa a riguardo. Non si rende conto che ha dimostrato resilienza trovando una soluzione nella musica.

Vera le racconta che una volta è partita una canzone: le parole risuonavano potenti nelle sue orecchie chiuse, insieme al resto del suo corpo, dentro quella piccola macchina circolare: *Tell me how am I supposed to breathe with no air*.

Ricorda di aver rischiato un attacco di panico dentro il macchinario, ma era troppo spaventata di dover fare una terapia in più, perciò aveva respirato a fondo e si era costretta a rimanere tranquilla.

Dice che con la PET ha un po' la stessa difficoltà che aveva con la radio: stare ferma, respirare, essere al chiuso.

Adesso, quando vi si trova dentro, la musica non si può avere, così cerca di ripetersi delle canzoni a memoria. Immagina dei concerti. Va altrove, nel suo rifugio ideale.

Si siedono in una stanza insieme a tante altre persone, c'è un anziano accompagnato dalla figlia con scarpe da ginnastica azzurro fluorescente, rallegra tutti con la sua simpatica parlata pugliese.

Appena qualcuno piange o è sconsolato, cerca di farlo ridere, di tirarlo su di morale con battute in dialetto. Alcuni pazienti apprezzano, mentre altri dimostrano il proprio disappunto senza trattenersi.

Le due donne si trovano sedute vicino a una ragazza molto giovane, il suo nome è Antonia.

Chiamano prima lei e, mentre è dentro per la cura, Vera racconta a Cecilia – gossip da ospedale, dice, ma più che gossip sono storie agghiaccianti – che questa ragazza ha rifiutato a lungo la terapia. Scoperto il tumore da giovanissima, si è fatta operare ma non ha voluto fare la chemioterapia.

Vera è serissima mentre parla, i suoi occhi si fanno immediatamente lucidi.

«Non potevo crederci, Ceci. Mi ha raccontato di aver perso un anno perché ha conosciuto qualcuno che le ha detto di essere guarito curando l'alimentazione – ci mancherebbe, anche io lo faccio: ho iniziato subito a mangiare meglio, a informarmi, ma non è che una cosa escluda l'altra – e poi l'ha mandata da un «dottore» che le ha prescritto delle cure alternative, le ha detto che la chemioterapia l'avrebbe avvelenata, che la gente ne muore, che per tutta la vita avrebbe avuto effetti collaterali e lei non lo so...» la guarda sconsolata, una mano alla gola, gli occhi lucidi, «gli ha creduto. Io penso che l'abbia fatto solo perché aveva paura, ma non di perdere i capelli o di stare male. Però, se decidi di curarti solo così... Non ho niente contro chi decide di abbinare alla chemioterapia anche l'agopuntura o una particolare alimentazione, o altre cose, anzi l'ho fatto anche io, però chi si limita a questo credo che sposti il problema, che cerchi un modo per non affrontarlo.

«Comunque, è stata una pena sentire la sua storia, anche perché, quando è tornata per il controllo l'anno dopo, aveva i linfonodi intaccati, ha dovuto fare un'operazione invasiva per toglierli tutti – come me – e poi una batosta di chemio e di radio... Speriamo che siano sufficienti.»

Mentre Vera racconta, Cecilia si rende conto di quanto la giovane sia pentita delle proprie scelte. Come si fa a giudicare?

«Chiaramente non condivido né capisco queste storie, ma ne ho sentite così tante... Persone che non si curano, che non fanno i controlli in tempo, che sanno di dover fare ulteriori accertamenti e nascondono le carte... Sono situazioni talmente delicate e personali, senza trascurare che tutti abbiamo tanta paura. Non riesco a giudicare chi decide di non curarsi, perché spesso queste persone pagano le proprie scelte con la moneta più cara: la vita.»

Cecilia la guarda e non sa cosa dire, si rende conto che sarebbe facile lasciarsi andare a forti giudizi, eppure è necessario camminare nelle scarpe delle persone prima di avere la presunzione di capire come si sentono. Diverso è il caso dei cosiddetti medici che si prendono queste responsabilità, quello è un altro conto, ovviamente.

Dopo questo racconto, che lascia Cecilia profondamente scossa, chiamano Vera. L'amica la lascia andare a malincuore. Il cuore di Cecilia perde parecchi battiti e poi ne acquista altri, in eccesso.

Le sembra di conoscere Vera da sempre. Quando si diventa adulti, si tende a sottovalutare l'amicizia, consideriamo gli amici quei ritagli di tempo per svagarci, ma Vera le ricorda di quando da piccola aveva una «compare», cui raccontare tutto. Una sorella che ti scegli. Come nell'amore, anche questi sono colpi di fulmine: vedi una persona forte, coraggiosa, ironica, controcorrente e decidi che vuoi starle vicino, carpirne qualche segreto, ma soprattutto essere esposta alla sua energia.

Ci sono amici che diventano famiglia ed è uno dei doni più belli che la vita possa farci.

Cecilia riflette sul discorso che Vera le ha fatto. Forse questo è il mio momento per cambiare le carte in tavola, si dice.

Dopo circa un'ora, l'amica esce, interrompendo il corso dei suoi pensieri.

«Usciamo!» le dice, guardandola con impazienza.

Quando sono all'aria aperta, fa un sospiro profondo: «Finalmente».

Le racconta che ha trovato un tecnico che conosceva – del resto, lei è una veterana di quest'ospedale. Le ha chiesto di aspettare e le ha promesso che le telefonerà una volta pronto il referto, una piccola eccezione che a volte si fa per i pazienti preferiti, che di solito sono anche i più sfortunati.

Si siedono su un muretto nel giardino dell'ospedale.

«Hai voglia di andarmi a prendere una granita al caffè?» le chiede Vera.

Cecilia torna dopo pochi minuti con in mano la granita e le annuncia con finta innocenza: «Dimenticavo di dirti... sono andata a letto con Giulio!»

«E me lo dici solo ora? Così?!»

«Be', diciamo che ho preso seriamente il compito di distrarti...»

Vera scoppia a ridere. «Forza... raccontami come è stato...»

«Be', ti posso dire che è stato come ballare contemporaneamente un tango e un lento, un ballo rock e un tiptap. È stato come essere sulle montagne russe e sul laghetto degli innamorati, tutto nello stesso momento.»

«Insomma, quest'uomo ha del talento, mi par di capire.»

«Noi insieme abbiamo talento», ripete Cecilia, soddisfatta.

Vengono interrotte dal cellulare di Vera che squilla. In un primo momento, restano pietrificate. Poi si affrettano a rientrare in ospedale, scendono le scale mobili quattro scalini per volta, volano nel seminterrato, dove un dottore dice loro che, sebbene non abbia ancora formalizzato il risultato dell'esame, è «tutto a posto». Non c'è «niente di brutto».

Cecilia guarda Vera accasciarsi di fronte a lei: pur restando in piedi, il suo corpo si fa molle. Nell'esplosione di sollievo che provano entrambe, Cecilia si stupisce che persino un uomo di medicina abbia così tanto timore reverenziale da non pronunciare la parola «cancro».

12

Cecilia

Mi accoccolo sulla poltrona, la mia tazza di caffè in mano. Guardando fuori dalla finestra, mi chiedo non solo se il mio cuore canti ancora, ma anche come è fatto secondo me un cuore che canta.

Che cosa rende felice una coppia? Che cosa sono le coppie felici? Sono forse creature mitologiche, un unicorno che si accompagna a un cigno con quattro gambe?

Emergono immagini lontane di coppie, di amici, sconosciuti, forse ne ho incontrate e non le ho riconosciute.

Non ho idea di come sia fatta una coppia felice e allora, per forza, non posso in nessun modo né giudicare né comprendere, perché non me lo sono mai chiesta.

Ho vagato per anni, da una relazione all'altra, cercando per un po' lo stesso uomo in infinite variazioni di taglia e altezza, ma lo stesso sorriso storto con abbraccio incerto, per approdare a qualcosa di completamente diverso.

Con il preciso e semplice ragionamento che, se bianco non aveva mai funzionato, la risposta non fosse da cercare nella mia personale variazione di colore, ma fosse da cercare nel nero. Nell'opposto.

E anche ora che formulo questo esempio, mi rendo conto che il nero è l'assenza della luce e no, qualcosa per forza di cose non va.

Quanto sono davvero innamorata e quanto invece voglio esserlo, per la convenienza e i problemi che mi risolve?

Se, come Vera, dovessi trovarmi davanti a un futuro non così promesso, sarebbe questo l'amore che vorrei?

«NO!»

E non è un pensiero, non riesce a essere solo un pensiero, è qualcosa che mi sale dalla gola come una liberazione.

«NO!»

Mi osservo dal riflesso nel vetro della finestra, e vedo questa donna più giovane di come sono quando penso a me stessa, e più piena di vita di quanto sia abituata ad attribuirmi.

«NO!!!»

Scuoto la testa. La me reale è spaventata, ma la ragazza che mi guarda dalla finestra scuote la testa con disappunto, come se si sorprendesse di non essere stata mai ascoltata fino a ora.

«*Scusami.*»

Così va meglio.

«Ma perché no?»

«Perché tu vuoi ballare in cucina a mezzanotte in intimo di pizzo, mentre fai cuocere un sugo all'ultimo minuto perché avete fatto tardi chiacchierando e ora morite di fame. Vuoi volteggiare in pizzo bianco mentre giri il sugo per la pasta, possibilmente con del jazz in sottofondo. Vuoi qualcuno che ti guardi negli occhi e ti dica che tu sei una cosa buona, che gli scalda il cuore.

«Ma hai bisogno che te lo dica nella tua lingua, in modo che tu non solo lo senta con le orecchie, ma anche con la pelle, con i piedi, con la schiena, vuoi sentirlo fin dentro le ossa per smettere finalmente di tremare.

«Ed è un tuo diritto. E non dovresti fermarti finché non ce l'hai.

«Agli altri puoi voler bene, negli altri puoi cercar riparo, conforto, puoi fare con loro esperienze costose ed esclusive, ma tu hai bisogno di qualcuno con cui sedere nuda vicino alla finestra per ascoltare una canzone, qualcuno che appoggi l'orecchio al tuo petto per cantarti la canzone del tuo cuore.»

Cosa c'è di sbagliato in me? Tutto. Tutto. È talmente tutto sbagliato che mi sembra impossibile proseguire. Non so come fare. Come si fa a essere giusti?

La mia metà allo specchio lo sa.

Per essere giusti basterebbe smettere di pretendere di essere perfetti. Basterebbe sapere che nessun cammino – tranne quelli finti – è un rettilineo perfetto, la vita vera è fatta di curve, salite, discese, di fuori strada.

La vita vera è fatta di pozzanghere e di sabbie mobili e bisogna accettarle, ogni tanto farsi un tuffo, lasciar asciugare il fango e proseguire verso la propria meta, e se la meta è cambiata si può persino tornare indietro.

Se impari a fare tutto questo in pace, sei giusto; diventi sbagliato quando insisti, quando pensi che devi assolutamente proseguire e allora ti fai andare bene situazioni non tue, finendo inconsapevolmente per avvelenare la tua vita, e tutto ciò che la riguarda.

Basta!

Mando un messaggio a Giulio.

Grazie di tutto.

Lui risponde con un cuore rosso. Lasciando poco spazio ai dubbi.

Anche io ho pochi dubbi, ormai, mi è finalmente chiaro che sono su un percorso che non è il mio. Devo cambiare strada assolutamente.

Ma la dannata festa di cui continuo a dimenticarmi è alle porte, decido di tenere duro per Adriano, per la sua carriera. Prima di andarmene, voglio fare quest'ultima cosa per lui.

Pensavo che mentire fosse più difficile, ma se ho mentito a me stessa, e così bene, per tanti anni, mentire agli altri sarà solo uno scherzo.

13

Diario di Vera

Ci sono alcune cose della mia malattia che non voglio mai dimenticare.

Ho sognato che mia mamma scopriva di avere il cancro e decideva di darsi fuoco.

Nel sogno vedo, come da lontano, una stanza piccola, scura, con un letto alto in ferro battuto al centro, comodini di legno con grandi pomoli rotondi, e pareti di pietra grigia. Sullo sfondo, un fuoco giallo e arancio che incombe minaccioso. Mia madre gettata sul letto.

La raggiungo e le parlo. «Ma hai chiesto al medico quanto è grave? Sai se sei in metastasi?» le chiedo.

Lei mi risponde, lontanissima: «Non so niente, ma non voglio passare quello che hai passato tu».

In qualche modo mi sposto in un'altra scena, dove una mia compagna del liceo, che non vedo da almeno quindici anni, ma so che è diventata medico davvero, mi guarda e si rivolge a me così: «Dille di non preoccuparsi. Non lo sai che oggi queste malattie si curano? Non sapete che oggi si può guarire?»

La cosa divertente è che nella vita lei è bionda e ci vede benissimo, nel mio sogno è mora e porta gli occhiali. Ma è lei, lo so. La mia risposta nel sogno sono delle sberle sonore, a quattro mani, anche se ne ho solo due.

Mi ritrovo a parlare con mia mamma, che mi dice che va tutto bene.

Mi sveglio sudata, la chiamo. Ti amo.

Della chemio, invece, ricordo poco. L'impressione del liquido rosso, il pensiero di ritrovarmelo nelle vene, la prima pipì rossa dopo l'infusione, la sensazione di fare pensieri fuori luogo ogni volta che mi offrono un Campari. Come se fossi sbagliata.

I tentativi di trovarmi le vene, buchi su buchi senza riuscire mai a trovarle, i lividi, gli infermieri che mi scollano la pelle per mettermi il port, il medico che sorride e mi chiede come mai mi agito, l'odore di pelle bruciata, la sensazione che qualcuno mi pianti un coltello in petto quando l'infermiera sbagliata mi buca il port. L'assenza totale di dolore quando invece lo fa quella giusta. Lo stesso sorriso per entrambe, per non ferire nessuno. La sfuriata al telefono con l'infermiera che mi vuole cambiare la data della terapia, io che mi metto a piangere, le dico cosa vuoi da me e poi le chiedo scusa. La sensazione che la vita mi abbia voltato le spalle, che sia cruda, crudele.

Il pensiero, ogni volta che il mio ex-fidanzato accelera in autostrada, «Pazienza se facciamo un incidente, almeno non ci devo più pensare». E poi, la dolcezza, soprattutto dagli sconosciuti. I *come stai?* con occhi pieni di miele da chi sa ma non sa come chiedere. Dieci mazzi di fiori per il mio compleanno. I «stammi bene» e i miei «ci provo». Lettere piene di cuore. Urlare per niente, perché ho veleno dentro da buttare fuori. Guardarmi allo specchio con occhi rossi, palpebre viola, truccarmi e sentirmi dire che sono bellissima. Crederci, persino. Mangiare solo gallette, perché il cortisone fa ingrassare. Il cuore in gola a ogni passo e il mio cane che corre felice. Il pensiero che nello stesso mondo possa esistere il cancro e il profumo delle magnolie. Ossimori con le gambe.

La prima volta che mi sono ammalata mi hanno fatto una mastectomia in *nipple sparing*, credo si possa tradurre con «risparmiando il capezzolo», e risparmiare è un termine che rende l'idea. Il chirurgo che, quando chiedo come sarà il seno dopo, mi risponde che ho il cancro, non è un intervento estetico. Appena sveglia, ricordo solo un immenso sollievo, perché l'intervento era andato bene, ero ancora io, ancora lì, con dei pezzi in meno ma ancora intera.

Ogni volta che provavo ad alzarmi svenivo, e quando provavo a camminare, anche pochi passi, facevo una fatica tremenda, fatica a respirare, fatica a fare tutto. Dicevano che era ansia, li odiavo tutti. Era l'intervento.

Poi, dopo qualche giorno, mio padre mi ha portata

fuori dalla stanza prima per prendere un tè caldo (tè al limone, zuccheratissimo, ancora oggi mi sa di grande consolazione) e infine mi ha convinta a uscire nel giardino dell'ospedale.

Fuori c'era il sole. Un sole pieno di raggi sorridenti.

Ci siamo seduti sulle panchine di legno, immersi in un bel prato verde, cespugli con fiori profumati intorno. Gente, persone.

Altre persone come me, in camicia da notte, vestaglia e un sacchettino rosso con il liquido di drenaggio. Dura, ma inconfutabilmente vita.

Ho vissuto tanto prima di allora, e tanto dopo, ma rimane uno dei momenti più felici della mia vita.

Il sollievo di essere stata operata, il sollievo di sentirmi un po' meglio, vedere come il mondo fuori ci fosse ancora, forse un po' anche l'euforia degli antidolorifici, chi lo sa.

Mi piace pensarci, perché mi piace pensare a come ci siano cose belle anche, e soprattutto, nei luoghi più inaspettati.

I mesi dopo la fine delle cure passati a sentirmi una bambina, ridata al mondo una seconda volta.

Lo stupore per le cose gentili sulla pelle, il sale, il sole, il vento, il mare. La bellezza, bellezza ovunque. Le capacità acquisite di accettare tutto, di non arrabbiarmi in coda, perché se hai accettato di avere il cancro puoi accettare di arrivare dieci minuti dopo.

Pazienza i problemi, pazienza tutto, solo la voglia di stare bene. Solo la voglia di essere felice. Se questo non lo posso risolvere oggi, ci penserò domani, lasciatemi stare, lasciatemi libera, fatemi volare. Andare in parapendio, fare immersioni subacquee, andare sul Machu Picchu. Vivere. Vivere sempre tantissimo. Mangiare il gelato. Bere buon vino. Correre persino. Fare tutto quello che avevo pensato di non fare mai, e soprattutto parlare. Dire quello che penso, come lo penso, sempre. A volte troppo, a volte il giusto, non importa. Ricominciare a vivere con slancio, perdere a poco a poco la paura, iniziare a pensare che, in fondo, il cancro lo hai avuto già due volte, che hai trent'anni, che questo è il tuo momento, è ora di splendere.

Riprendere coraggio, smettere di sentirsi precari nel mondo e poi un giorno, un giorno che come sempre è un giorno uguale a tutti gli altri, ma poi gli odori di quel giorno, i movimenti al rallentatore, il riflesso del sole sull'orologio appeso alla parete, un orologio che segna l'ora sbagliata, il colore troppo rosso dei vestiti della donna che cerca di raccoglierti da terra mentre tu piangi disperata e la cacci via, tutte quelle cose non te le stacca di dosso più nessuno, si tatuano indelebili sulla tua pelle a fianco di tutte le cicatrici, i nei, le smagliature e le piccole rughe che raccontano la tua storia.

Quel giorno prendi in mano i tuoi esami del sangue e vedi i marker tumorali alle stelle, e lo sai già. Potrebbe essere altro ma non lo è.

Dove cazzo è questa volta il bastardo?

Fai tutto di corsa senza respirare, in un attimo sei in

una macchina diagnostica, dopo un'eternità e mezza hai il risultato. Il bastardo è di nuovo lì, il bastardo non se ne è mai andato. È un labirinto da cui non riesci a uscire e, per la prima volta nella tua vita, molli.

Non mangi, perché mangiare è inutile, piangi terrorizzata e rimani sul divano, perché sul letto non ci puoi dormire, perché accettare serena il sonno ti avvicina alla morte più di quanto non ti ci senta già ora.

Arrivano le tue più care amiche, ti lasci imboccare. Ti parlano ma non rispondi. Qualcuno ti porta degli antidepressivi. Sospiri. Lo choc è talmente forte che devono ricordarti di andare in bagno, perché hai talmente paura che nel dubbio il corpo lo hai già abbandonato, non senti più nulla, né caldo né freddo, né fame né sonno. Fissi il muro chiedendoti come sia possibile, come possono chiederti di farlo di nuovo. Delle mani amiche mi mettono sotto la doccia per lavarmi.

Poi arriva il momento di reagire, di lottare, di ruggire. Perché non importa quante volte ti spezzi la vita, si trova sempre la forza per rimettere insieme i pezzi, dal momento che, in realtà, non c'è alcuna alternativa.

Con più forza e convinzione di quanta tu ne abbia mai avuta, perché questa volta o vinci, o vinci.

E allora volentieri altre cure, chemio nuove, fatte sotto digiuno e sotto un grande calore per aiutare il corpo a recepire meglio questo ennesimo veleno che ti fanno scorrere nelle vene, e questa volta preghi che te ne diano di più, e quando piangi disperata per la nausea che non passa, e non passa mai, sei comunque contenta perché, anche se ti fa stare male, questa cura è la tua unica chance.

Pazienza la stanchezza, sei ancora viva. Pazienza la nausea, potresti guarire. Le chance sono poche, ma d'altra parte, quante erano le possibilità che uno stupido tumore di mezzo centimetro ti portasse in cinque anni a questo punto?

Si fotta tutto, si fotta anche la statistica.

Usano talmente tanto il tuo port, quel piccolo bottoncino da cui passano tutte le chemio, tutte le flebo, che si infetta. Si infetta durante la tua unica vacanza dell'estate, una pausa tra una chemio e l'altra, il momento di riprendersi.

Nessuno se ne accorge. Passi la settimana senza mangiare, vomitando, con la febbre altissima, ti disidrati al punto di sognare l'acqua come se fossi nel deserto, il giorno di ferragosto vai in setticemia. Tremi così tanto a causa della febbre e hai così tanta paura, e in tutto questo casino riesci ancora a pensare che sarebbe meglio morire così, in fretta e delirando, anziché perfettamente cosciente, pesando dodici chili dopo anni di agonia.

Ma tu sei ancora più forte, la febbre passa, finisci le chemio, il tuo corpo reagisce straordinariamente.

E di nuovo trovi la forza di andare avanti, con meno paura di prima, senza più sentirti precaria. 'Fanculo tutto, non voglio perdermi un minuto di questa pazza vita, non c'è più spazio per il risentimento, la paura, il rimpianto. Lasci andare tutto e sei per la prima volta davvero leggera.

Ora ci sono cose che devi ricordare perché ti hanno insegnato tanto e hai sofferto così tanto per impararle:

Lamentarsi è un lusso.

Scegliere che cosa fare è un lusso.

Poter scegliere di cambiare la propria situazione ma non farlo per X motivi è un lusso, o un capriccio; sono perfettamente libera di farlo (ad esempio vorrei dimagrire, vorrei un lavoro migliore, vorrei amici più interessanti), ma non me ne posso lamentare, perché è una mia scelta.

La maggior parte delle situazioni in cui veniamo a trovarci hanno una soluzione, può non piacerci, ma è una soluzione. Penso all'eutanasia, la forma di scelta più estrema che ci sia, ma è pur sempre una scelta.

La vita è dura ma è anche bellissima.

Siamo tutti nella stessa barca, non è una gara e, nel caso lo fosse, la gara delle sfighe io la lascio vincere volentieri agli altri. A chi si compatisce, dico sempre: «Poverino tu, non so come fai ad andare avanti».

Cerco di diffondere «l'autosopravvivenza», la capacità che hanno alcuni individui di andare avanti nonostante, di essere felici nonostante e la consapevolezza che in quest'epoca di scelte, di possibilità, di social media che fanno vedere solo il meglio della vita, insomma in quest'epoca secondo me eccezionale ma senza precedenti, molti si trovano sorpresi di fronte a difficoltà piccole e grandi.

Accettiamole, andiamo avanti, facciamolo per noi stessi.

14

THE *show must go on*, lo spettacolo deve continuare.

È quello che direbbe lo stesso Adriano se Cecilia avesse cuore di confidargli i propri dubbi.

Importa solamente che per stasera sia tutto pronto.

La casa abbellita da composizioni floreali in ogni angolo, candele sistemate strategicamente, il deejay in postazione, la playlist approvata, il menu scelto, il catering pronto.

Cecilia deve solo pensare a prepararsi, nessuno stress. È passato solo un mese dalla sua gita in barca con Giulio. Il ricordo di quella giornata le è rimasto addosso come una colla.

Adesso, mettersi lì, in camera sua, per farsi trovare bella, perfetta, non è affatto semplice.

Saranno i sensi di colpa o l'insoddisfazione, ma non riesce a sentirsi bella. Si siede davanti allo specchio della piccola toeletta che ha in camera e pensa solo che ogni scelta che ha compiuto è stata sbagliata, compresa quella di partecipare stasera. Non dovrebbe essere lì.

Non dovrebbe prestarsi a questa pagliacciata, sarebbe dovuta scappare e mettere se stessa al primo posto.

«Ormai ciò che è fatto è fatto, ti conviene smettere di pensare e iniziare a divertirti, mia cara», risponde un'immaginaria Vera che ormai abita nella sua testa. Decide di seguire questo saggio consiglio e tenta di concentrarsi sugli ultimi preparativi.

Inizia col sistemare i capelli, legandoli in una semplice coda di cavallo, dopo di che cerca di truccarsi con cura. Non essendo esperta, tiene un iPad a portata di mano per seguire passo passo un tutorial su uno *smokey eye* che dovrebbe donarle un aspetto «drammatico», qualunque cosa voglia dire.

Una volta conclusa l'operazione make up, si infila un abito di velluto nero, casto, lungo fino al ginocchio, ma al contempo sensuale, considerata la profonda scollatura, per quanto abilmente bloccata da una serie di bottoni a clip per non renderla volgare e per non infastidire Adriano, sempre molto attento alle formalità.

Adriano la raggiunge quando ormai è quasi pronta. Ancora osservano dei piccoli rituali, figli della consuetudine di gesti che si ripetono uguali da anni, ma nessuno dei due è realmente presente nella stanza.

Lui le porge un bicchiere di champagne e accenna a un brindisi, lei gli sorride incerta, quasi in bilico.

Brindano e i bicchieri producono un suono allegro che la rincuora. Dopo tutto, è una festa: succeda quel che deve succedere, ma che almeno si cerchi di renderla piacevole.

Scendono in sala e si accomodano sul divano per ascoltare un po' di musica, in attesa dell'arrivo dei primi ospiti.

Passano solo pochi minuti, ma ogni sensazione che Cecilia ha provato nell'ultimo periodo è come moltiplicata a causa dell'ambiente circostante.

La casa lussuosa, i vestiti eleganti, il personale in livrea che si porge ossequioso per versarle un altro bicchiere di champagne. Ha come la sensazione di essere intrappolata in un brutto episodio di *Beautiful*. Quando il campanello suona, si alza in fretta, impaziente di interrompere quel silenzio imbarazzante. Si avviano entrambi alla porta, improvvisamente esperti attori.

Vera dice sempre che Dio ha un senso dell'umorismo britannico e solo ora Cecilia capisce che cosa intenda. L'universo, Dio, o chi per lui, chiunque abbia il telecomando lassù, si diverte a metterci in situazioni assurde, probabilmente gli piace vedere la nostra reazione. Infatti, i primi ad arrivare sono Giulio e la moglie.

Una volta aperta la porta, rimangono sulla soglia uno a fianco all'altra, senza muoversi per un tempo non abbastanza lungo da rendere il momento imbarazzante, ma sufficiente per diffondere un'atmosfera di disagio nell'aria.

È la moglie di Giulio, Paola, a rompere questa strana immobilità. Facendo un passo avanti, tende la mano a Adriano e bacia Cecilia su entrambe le guance.

Cecilia la guarda: è bella, altera, elegante. Lei non è e non sarà mai il tipo di donna che svaluta «l'altra», nella sua mente il concetto dell'«altra» non esiste nemmeno. Nonostante siano in teoria in competizione per lo stesso uomo – orrido cliché nel quale pensava non sarebbe mai caduta – non sente astio nei confronti di questa donna.

La verità è che possiamo appartenere a una sola persona e non c'è nulla da fare in merito. Possiamo agitarci e disperarci quanto vogliamo, ma se il nostro compagno non ci appartiene, non ci resta che lasciarlo andare. D'altra parte, se un uomo ci appartiene non potrà che arrivare da noi, senza cavallo bianco forse, ma arriverà, magari bussando alla porta di notte. Cecilia pensa che non è importante Paola nell'ottica della sua possibile relazione con Giulio, sono importanti solamente i sentimenti che provano l'uno per l'altra: se questi sono veri, e non basati sulla noia nella quale entrambi sono sprofondati, allora in un modo o nell'altro, se si appartengono, finiranno insieme. Se ciò non accadrà, è solo perché non doveva accadere.

Guardando Paola, Cecilia vede nei suoi occhi la stessa freddezza che rimprovera da anni a Adriano, e se ne dispiace. Forse nessuno di loro è sbagliato, sono solo abbinati male.

«Che piacere vedervi», dice Paola.

«Ciao cara, quanto tempo!» le risponde lei, cinguettando.

Giulio la fissa immobile, Cecilia deve cercare a lungo in quegli occhi neri per trovarlo. Ma eccolo lì, in fondo in fondo c'è un luccichio insolente e, quando lo vede, sa che il Giulio che ha conosciuto in barca è andato a nascondersi là da qualche parte.

Insieme, procedono verso l'angolo bar e si scambiano un brindisi surreale. Altri ospiti suonano alla porta e Cecilia e Adriano, finalmente salvi, si dirigono ad accoglierli.

È un gruppo di suoi colleghi accompagnati dalle mogli – baci sulle guance e pacche goliardiche sulle spalle. Dietro di loro Cecilia vede arrivare, bellissima, Vera. Al solo vederla le sembra di ricominciare a respirare, non riesce a trattenersi e le corre incontro abbandonando tutti.

«Ma quanto sei bella?»

«Trovi?» risponde lei con un'adorabile finta modestia.

«Ti devo parlare», le dice l'amica con aria concitata.

«Parlami, allora.»

Nel risponderle, Vera si accende una sigaretta e Cecilia la guarda con rimprovero: nessuno dovrebbe fumare, e men che meno lei.

«Non sgridarmi, è solo un'eccezione, è il mio primo party da mesi, quindi ti avviso: stasera bevo e mi diverto!»

Cecilia la guarda perplessa; nonostante la conosca

da poco tempo, le vuole bene come a una sorella e vorrebbe strapparle quella sigaretta dalle mani, dirle di stare lontana dall'alcol, dai dolci, dai fritti, e chiuderla in una camera piccola con solo aria purificata. Ma si rende conto che non ha senso, e deve pur lasciare che lei prenda le proprie decisioni.

«C'è qui Giulio, non so che fare! Vorrei corrergli incontro e baciarlo, ma c'è anche mio marito e... Non lo so, Vera, che confusione in testa!»

«Nella mia mente non c'è nessuna confusione, tu vuoi Giulio, solamente che prenderselo è difficile, perché a ogni scelta che facciamo nella vita corrisponde una rinuncia. Persino quando si tratta delle scelte più belle: prendi una strada e ne abbandoni un'altra, e questo a volte fa paura!»

«Ma scusa», le risponde Cecilia, decisamente infervorata, «io ti dico che sono a una festa e desidero scappare con un uomo che non è mio marito e tu mi rispondi 'Che problema c'è, vai?' Ti ricordo che io ho fatto una promessa, anzi ne ho fatte parecchie, e alcune le ho già infrante!»

«Certo! E lo confermo! Secondo me sei stata brava in questa situazione, su tutta la linea. Prima di tutto perché ormai l'ho visto ed è decisamente approvato dal punto di vista estetico, dunque il primo brava è per la scelta. Secondo, perché nonostante senta che l'ansia ti sta consumando, ti vedo anche viva come non mai – e dal mio punto di vista, tra tutte le regole morali che si possono infrangere, il morire in vita è la più grave –, quindi pazienza l'adulterio, ma almeno sei viva e vibrante di fronte a me. Terzo, deve essere stato del sesso spaziale, se la prima cosa che ti ha detto dopo è che ti vorrebbe sposare: magari quando hai tempo puoi confidarmi qualcuno dei tuoi trucchi!»

Nel dirglielo scoppia a ridere, e Cecilia con lei. La rabbia che ha provato nei suoi confronti svanisce velocissima, Vera ha questa capacità di rimettere tutto in prospettiva.

«Inoltre», aggiunge soave, «puoi raccontarmi quello che vuoi, mia bella fringuella, ma tu, tuo marito, lo vuoi lasciare e anzi, dentro di te lo hai già lasciato da tempo. Quest'uomo, sebbene tu lo abbia visto due volte, non è un capriccio, è sicuramente passione, ma forse, dico forse, è l'amore della tua vita. Chiudergli la porta in faccia per rimanere in una situazione che, nonostante tu non lo voglia ammettere, è già fallita, sarebbe da stupidi e tu, cara, sei tutto meno che stupida.»

Dopo questo discorso motivazionale, Cecilia e Vera cercano di avviarsi verso il buffet, ma Cecilia viene continuamente interrotta da persone che la vogliono salutare.

Si sente soffocare in mezzo a tutta questa gente, soprattutto adesso che riesce a vedere la sua situazione con chiarezza.

Cerca di accogliere tutti con un bicchiere di vino e un «Come stai?». Mostra a tutti la via del giardino, le donne arrancano, arrampicate su tacchi altissimi che affondano nell'erba. Si formano spontaneamente piccoli capannelli di persone che si conoscono e non si vedono da molto tempo, Cecilia cerca di unirsi ora a uno, ora all'altro.

Alcuni ragazzi si sono vestiti in modo spassoso e colorato, il colpo d'occhio guardando il giardino è notevole. Tutti la abbracciano, lei cerca Adriano, ma fatica a trovarlo. Cerca di presentare a Vera un po' tutti, anche se fa fatica a inserirla nei gruppi: le persone si conoscono troppo bene e da troppi anni. Non sono interessati a nuove frequentazioni, o forse non sanno più come si fa. Nonostante la folla, Cecilia percepisce sulla pelle la presenza di Giulio nella stanza, lei è una bussola e lui è il suo nord. Non ha bisogno di guardarlo, lo sente muoversi nella stanza, quando lui si avvicina, un pizzicore le corre lungo la spina dorsale. Si dirige verso di lei, ma viene intercettato da Vera, che inciampa in lui, gli rovescia addosso un po' di vino e lo trascina via, verso la cucina.

Cecilia li vede che parlano fitto fitto: se fosse qualcun'altra sarebbe gelosa, ma di lei non potrebbe dubitare mai. Si chiede piuttosto dove sia la moglie di lui. Ma non importa. Viene intrattenuta da vecchi amici che le raccontano del loro matrimonio, dei loro figli, di come la bambina sia adorabile. Cecilia guarda fotografie bellissime e si sente un po' sciogliere dentro. Poi, con la coda dell'occhio, nota degli invitati chiaramente ubriachi fare a braccio di ferro su un tavolo, rovesciando una serie di bicchieri. La magia dei trent'anni. Metà degli invitati alla festa devono tornare a casa dai figli, l'altra metà è regredita all'adolescenza o forse non ne è mai uscita, è difficile dirlo. Cecilia si avvia a raccogliere i cocci, nessuno si disturba a scusarsi con lei.

Adriano risulta ancora disperso; di difenderla, nemmeno a parlarne. Lo stesso gruppo di ragazzi – Cecilia non sa chi siano, non li ha mai visti, forse sono amici di amici – le si avvicina e fa qualche battuta volgare sulla sua scollatura, ignorando che sia la padrona di casa. Dopo di che, decidono di farle scivolare del ghiaccio nel vestito e istintivamente lei lancia loro dello champagne in faccia.

Cecilia li guarda attonita e scoppia a ridere, eppure per una volta si sente così bene a entrare a far parte di quelli che si difendono e non subiscono.

Cerca comunque di dileguarsi il più in fretta possibile, e per fortuna Vera e Giulio le vengono in soccorso. Sebbene siano le due persone che conosce letteralmente da meno tempo, sono anche le due facce più amiche. Le fanno un occhiolino divertito. «Bambola, prendi un piatto con un po' di cibo e una bottiglia di vino. Ci troviamo in bagno di sopra», le dice Vera, lasciando poco spazio alla democrazia.

Stordita dalla folla e dall'evento, Cecilia trova allettante la proposta di nascondersi in un posto appartato. Cerca di non farsi notare, ma per qualche motivo nessuno fa più caso a lei: forse l'aver infranto le regole l'ha resa invisibile. Chi lo sa.

Li raggiunge in bagno e trova una piccola fumeria d'oppio.

«Vuoi?» le dicono.

Non saprei, pensa lei. Non ricorda da quanto tempo non fuma una canna. Non vuole rischiare di fare figure barbine.

«Brava, Ceci, fai ciò che predico, non fare mai quello che faccio», dice Vera. La sorprende quanto quei due siano rilassati in compagnia l'uno dell'altra, quasi si conoscessero tutti e tre dai tempi del liceo.

«Ah, io ho fumato abbastanza quando facevo la chemio, era l'unica cosa che mi faceva stare bene. Basta non esagerare, bambolina.» Vera non si accorge della bomba che lascia scivolare, ma Giulio ricompone subito la faccia allarmata e scivola oltre. Cecilia gli è grata per questo.

«Come va? Ti stai divertendo?» le chiedono quasi all'unisono.

Per la prima volta, Cecilia li guarda vicini, e si rende conto che quei due hanno molto in comune: sono entrambi burberi per finta, si presentano così, ruvidi e un po' stropicciati, ma nascondono una dolcezza infinita appena sotto la superficie.

«Ma... non lo so, di sicuro mi sto idratando», ironizza Cecilia alzando il calice. «Adriano sembra scomparso in giardino. Non so più che fare», aggiunge sbuffando.

«Ma fregatene, meraviglia! Ti sta solo facendo un favore a non farsi trovare, altrimenti dovresti accompagnarlo a fare tanti bei sorrisi in giro», aggiunge Vera.

«Sante parole», chiosa Giulio, con un brindisi indispettito. La guarda con una smorfia di gelosia e per un attimo Cecilia considera l'ipotesi di giustificarsi: non le manca Adriano come partner, ma le manca qualcuno che l'aiuti a gestire tutte queste persone, sta perdendo la sua proverbiale compostezza. Decide comunque di non doversi giustificare con nessuno: se anche lui prova quello che ha provato lei, non possono esserci fraintendimenti.

Anche se non ha fumato, l'aria comincia a darle alla testa. Si siede per terra e inizia a ridere.

Pensa a tutto ciò che è successo da quando ha conosciuto Vera, crede di aver vissuto più in questo ultimo mese che sommando tutti gli ultimi anni di vita.

Come un automa si alza, e raggiunge gli altri in sala. Ormai è abbastanza tardi, iniziano tutti a salutare e ad andarsene educati. Uno zoccolo duro resta e si spartisce i residui di cibo e di alcolici – gli irriducibili sono sempre i suoi preferiti.

Finalmente, ormai è notte fonda, se ne vanno tutti. Rimasti soli, Cecilia e Adriano lasciano i ragazzi del catering a pulire il delirio lasciato dietro di sé dagli educati ospiti e si avviano verso la camera da letto. Cecilia si rende conto che Adriano è un estraneo per lei, ma vorrebbe con tutte le forze che non fosse così. Lo trascina in camera, lo guarda negli occhi.

«Allora, mi vuoi parlare?»

Lui la guarda confuso, lei prova a baciarlo, più per provare a se stessa quanto sia davvero finita. Indietreggia.

«Volevo aspettare a parlarti», le dice, senza sapere bene come fare, le braccia che improvvisamente sembrano non appartenere più al corpo.

«Ma che cazzo dici?» esclama Cecilia, adesso, improvvisamente a un millimetro dalla faccia.

«Io ci ho provato, Cecilia. Ci provo. Ma so che non c'è più nulla da fare, non ci apparteniamo più. Tu non mi ami più come prima e io così non posso andare avanti. Non pensare che gli ultimi tempi siano stati una finzione, non ci avevo mai davvero pensato, ma nell'ultima settimana ho cercato di focalizzare, di capire che cosa non andasse. Non mi dai ciò che voglio, ciò che merito. Penso che dovremmo lasciarci.»

Lei ci mette un attimo a digerire il messaggio. Indietreggia.

Pensa che sia un segno, che sia quello che doveva succedere e che lei, vittima delle proprie insicurezze, per qualche motivo non riusciva a fare.

L'altra metà di lei è dispiaciuta e soffre: nonostante tutto, sono cinque anni della sua vita che si stanno buttando fuori dalla finestra.

L'uomo con cui aveva progettato di invecchiare, dopo che aveva pensato per mesi come lasciarlo senza farlo soffrire, le addossa tutta la responsabilità e chiude la porta. Improvvisamente, il mondo rallenta e Cecilia osserva la scena come se si trovasse al di fuori del proprio corpo. «Sei sicuro?»

«Sì.»

«Sei sicuro?»

«Sì.»

«Sei davvero sicuro?»

«Sì.»

Le torna alla mente Pietro che rinnega Cristo tre volte prima del canto del gallo. Le sembra di dovergli strappare di bocca quella risposta più volte per sancire davvero la sua libertà.

Avrebbe potuto provarci ancora. Avrebbe potuto andare avanti. Non è stato possibile. Non è sua responsabilità.

Lui fa per abbracciarla, lei lo spinge lontano.

«Non preoccuparti», dice, raccogliendo tutta la sua dignità, «sai che non sono mai stata donna da sceneggiate.»

Stasera ha imparato una grande lezione, che porterà cara nel cuore tutta la vita: devi pensare tu a te stessa, perché altrimenti non lo farà mai nessuno.

Lo dimostra il fatto che lei ha passato un anno intero a chiedersi se fosse giusto lasciare Adriano, a sentirsi in colpa, a soffrire, a dubitare. Lui si è sentito amato meno del solito per non si sa quanto e l'ha lasciata dopo averci pensato al massimo una settimana.

Il dramma è che ha fatto bene lui; Cecilia avrebbe

dovuto essere altrettanto egoista, la vita sarebbe stata sempre più facile.

Mentre scende le scale a metà tra lo scioccato e il sollevato, promette a se stessa di non dimenticare mai questa lezione.

Dopo aver infilato il minimo indispensabile in una borsa, esce di casa e si ritrova per strada senza avere un piano.

Più tardi la aspettano, lo sa già, il dolore e il dispiacere per la fine di un matrimonio, ma ora, mentre si chiude la porta alle spalle, prova un'impagabile sensazione di benessere: libertà.

15

Dopo qualche minuto passato immobile in mezzo alla strada, Cecilia si scuote e capisce di dover fare qualcosa. Allora chiama un taxi e si fa portare a casa di Vera che, nonostante sia notte fonda, le apre la porta immediatamente. È bellissima con quella sua lunga camicia da notte di seta color verde smeraldo.

«Scusami per averti disturbata così tardi», le dice Cecilia, rendendosi conto che saranno almeno le tre del mattino.

«Figurati! dovresti sapere che puoi contare su di me a ogni ora. E poi ero sveglia, faccio talmente tanta fatica a dormire... Piuttosto, dimmi: come mai se qui?»

«Adriano mi ha lasciata.»

Vera la guarda stupita, sgrana gli occhi, scoppia in una risata.

«Scusami, so che non dovrei ridere ma... è talmente surreale!»

Preparandosi a una conversazione impegnativa, Vera si avvia automaticamente verso la cucina. Prima di rendersene conto, Cecilia si ritrova appollaiata su uno sgabello a sorseggiare gin tonic, mentre fuori imperversa la notte.

«Forza, racconta...»

«Cosa ti devo dire? È strano, perché non aspettavo altro che finisse con Adriano, soprattutto ora, dopo aver fatto l'amore con Giulio. Ma è stato così squallido come è accaduto, così... mi fa male pensare che mai nulla tra di noi abbia avuto senso.»

«Questo è soltanto l'orgoglio ferito che parla; per quanto tu sia una donna eccezionale, sei pur sempre una donna! L'idea che un uomo avrebbe potuto averti, ma ha scelto di non farlo, ti fa impazzire anche se tu non lo vuoi più...»

Cecilia sospira, sorseggia un po' di gin tonic.

«Sicuramente hai ragione. Ma non è solo quello... Tu ci hai conosciuti solo ora, ma stiamo insieme da tanti anni, capisco che non sia mai stato un amore folle come si vede nei film, ma come è possibile che non fosse amore affatto?»

«Non vorrei essere sempre la tua amica che ha avuto il cancro, ma lo sono... Cosa importa quali sono i retroscena? Non conta forse solo che ora sei libera, libera di correre a casa di Giulio e abbracciarlo?»

«È tutto logico, e so che hai ragione. Ma cosa posso dirti?» ribatte l'amica scoppiando a piangere. «Sono stanca, mi sento vuota, confusa. Che cavolo ne so io di che cosa sia giusto fare? Io so che ho paura, so che non volevo questo... e mi rendo conto che non lo dovrei dire a te, che sicuramente non volevi trovarti nella situazione in cui sei e mi insegni, con l'esempio, che bisogna accettare anche l'inaccettabile. Va bene, lo capisco. Accetterò di aver buttato via anni in una relazione senza senso, ma non posso accettarlo da un momento all'altro, soprattutto non stasera. Adesso voglio bere un altro gin tonic e poi dormire come un sasso, di quei sonni che ti fanno smettere di esistere per un po'.

«Non perché mio marito mi ha lasciata, ma perché avevo una vita davanti, me l'ero immaginata, e ci stavo dentro comoda. Purtroppo, nel passare dall'immaginazione alla realtà, nulla è stato come avrebbe dovuto essere: nello spazio che mi ero disegnata non stavo affatto bene, mi sono ritrovata in una teca di plastica senza aria all'interno, e ne sono uscita.

«So che dovrei esserne felice, ma sono anche in lutto per quel sogno coltivato e innaffiato così a lungo, sento sulle spalle il fallimento di questi anni buttati via, insieme alla paura per il tempo che passa. So di essere giovane, ma se il mio tempo per crearmi una famiglia e una stabilità sentimentale si fosse esaurito?»

Esaurito un corno, pensa Vera tra sé e sé, ma sa riconoscere una persona che sragiona quando ne vede una, e capisce che sarebbe inutile insistere. Si avvicina all'amica e la abbraccia forte, la culla un attimo.

«Non preoccuparti tesoro, stasera vedi tutto nero,

domani sarà ancora così, dopodomani sarà lo stesso... Ma promettimi che il quarto giorno ti alzerai e ignorerai i pensieri negativi, elencherai dieci cose per cui sei grata – fosse anche solo la soddisfazione di avere i pollici opponibili – e uscirai di casa.

«Sorriderai invece di piangere. Aiuterai qualcuno ad attraversare la strada, comprerai una rivista scandalistica, ordinerai cappuccio e cornetto e scoprirai le corna di chi e il perché.

«Se vuoi essere dei nostri, ed è una scelta, non ti puoi mai concedere più di tre giorni di dolore alla volta; il quarto, il dolore lo sotterri sotto i piedi e cominci a ignorarlo così a lungo da dimenticartene.

«Poi, il quinto giorno, senza preavviso, il dolore tornerà, e allora dovrai ricominciare da capo: cinque, sei, sette giorni, e all'ottavo salterai in piedi e prenderai a calci il mondo.

«Sono seria, Cecilia: promettimelo!»

L'amica annuisce poco convinta, acciambellata su se stessa, tra le lacrime, promette all'altra che sì, farà così.

Vera, finalmente soddisfatta, le mette in mano un ennesimo bicchiere di gin. Le due amiche bevono e parlano fino a addormentarsi sul divano.

La prima a svegliarsi è Cecilia, il suo stomaco non è in grado di reggere la quantità di alcol e al contempo di stress. Vera la accompagna in bagno e la aiuta amorevolmente a vomitare.

Osserva la sua amica, dispiaciuta per quello che sta

passando, ma nonostante questo, una piccola parte di lei non può che sorridere pensando che, se non altro, per una volta, non è lei a stare male.

«Va tutto bene piccola», le dice, abbracciandola. «Piangi, butta tutto fuori, non preoccuparti. Fa male, ma passerà, te lo prometto. Niente in questo mondo dura per sempre, non duriamo noi e certamente non durerà il nostro dolore.»

Quando Cecilia si sente meglio, Vera si accomoda sul divano e lascia la camera da letto a Cecilia, le presta uno dei suoi scenografici pigiami e le rimbocca amorevolmente le coperte.

16

Cecilia si sveglia e la prima cosa che fa è una smorfia di disappunto, come a voler cancellare il ricordo della notte appena trascorsa. Si tira il lenzuolo sopra la testa e chiude gli occhi insoddisfatta. Della notte non le sono rimasti appiccicati addosso solo i brutti ricordi, ma anche – souvenir indesiderato – un mal di testa martellante e una sensazione di fame e nausea insieme.

Continua per un po' a fingere di dormire e pensa che resterà tutto il giorno a letto, sotto quelle coperte. Non se la sente di affrontare Vera e i suoi discorsi positivi ed entusiastici, non ha nemmeno voglia di decidere che cosa fare con Giulio e la propria vita. Adesso sarebbe il momento di capire come recuperare i propri beni da casa sua, anzi, da quella che fino a ieri era casa sua, mentre ora è casa di Adriano. Non stupisce dunque che voglia rimanere a letto. Forse ci resterà tutta la vita, chissenefrega.

Le piacerebbe alzarsi e fare colazione, ma anche quello le sembra troppo, non se la sente di affrontare la realtà, in questo momento il mondo è tutto ciò che si trova fuori dal confine delle lenzuola.

Più di tutto, è delusa da se stessa. Adesso che è libera, dovrebbe solo pensare a come costruirsi una vita che le somigli – con uno schiocco di dita avrebbe la possibilità di ottenere davvero ciò che ha sempre voluto –, eppure... non vuole fare nulla. Si sente immobile.

Il suono della voce di Vera che entra nella stanza rompe un silenzio che pareva durare da secoli. Il legno del pavimento scricchiola piano sotto i suoi piedi. Cecilia si accorge solo allora di un vaso di fiori bianchi molto alto appoggiato a terra, vicino alle grandi porte finestre che si affacciano sul balcone della camera da letto.

Si rende conto che non aveva mai visto la casa di Vera. Una parte del suo cervello, estraniatosi dalla situazione, registra queste nuove informazioni mentre con le restanti energie cerca di rispondere alle domande incalzanti di Vera che, dopo la pausa del sonno notturno, è pronta a ricominciare con i suoi discorsi incoraggianti e propositivi.

La nuova tecnica è cercare di estorcerle informazioni su Giulio e la loro prima uscita insieme, nel tentativo di svegliare la fiamma della passione nella sua giovane amica. Aspetta di sentirsi dire che lui la guardava con occhi grandi e dolci, che si sono baciati per venti minuti aggrovigliati contro un lampione, che lui non smetteva più di tenerle la mano.

Ma a Cecilia ora non interessa, è troppo ferita per pensare al futuro, ha prima bisogno di portare il lutto per quella sua vita appena morta. Gli errori della sua vita, sebbene tanto comuni e per questo quasi banali, le pesano addosso togliendole il respiro e le forze.

La leggerezza che Vera ora pretende da lei pare appartenere al passato, Cecilia l'ha già sprecata con gli uomini sbagliati, non può riaverla indietro, sebbene lo desideri intensamente. È a malincuore che delude la sua amica.

«Vera, gli ho già scritto che, nonostante tutto, non lo voglio più vedere, gli ho detto che non mi interessa, che mi sono sbagliata.»

Silenzio. Seguito da altro silenzio.

«Pensi di parlarmi, prima o poi?»

Nella camera si ode un sospiro profondo, seguito da un: «Ma che sei scema?»

Certo, Cecilia non si aspettava un abbraccio, ma questa reazione così dura proprio no.

«Adesso mi spieghi perché!?»

«Non so più come dirtelo», esclama Cecilia esasperata. «Non ci riesco. È come se volessi camminare ma non riuscissi a muovere i piedi. Lo guardavo ieri sera alla festa con quei suoi begli occhi grandi e un po' umidi, e invece di concentrarmi sulle sue facce buffe, e sognare un modo per essere libera di vivere questo sentimento, non ho fatto altro che pensare a che cosa stavo sbagliando.

«D'altra parte, sbaglio sempre, è per questo che il mio matrimonio mi è crollato addosso, ho clamorosamente sbagliato.

«Sono settimane che mi ossessiona il pensiero di che cosa non ho considerato durante le prime uscite con Adriano, perché sicuramente ho visto una delle tante cose che poi sono finita con l'odiare, ma all'epoca ho probabilmente solo scelto di non pensarci.

«Il pensiero di poter ripetere ora lo stesso errore mi paralizza.

«Stanotte mi è venuto in mente che a Giulio piacciono i documentari, che guarda le ricostruzioni storiche», nel dirlo Cecilia balza sul letto e alza la voce. «Mi ha detto che gli piace lo sport, che la domenica va allo stadio. Ma tu mi conosci: io... io vado a teatro a vedere i musical, faccio trekking appena posso, non ho nessuno di quegli interessi... A me piace la pasta, il cioccolato, mi piacciono il profumo dei fiori e accarezzare i cani.

«Non voglio finire intrappolata un'altra volta solo perché ha quegli occhi così candidi. Non voglio sbagliare ancora.

«Mi sento addosso il peso di mille anni, sono sbagliata, sbagliata, sbagliata.

«E anche se volessi, anche se lui fosse giusto, sono io che non posso piacergli. Sono stupida, insicura, goffa. Dimentico le cose, dimentico le chiavi, dimentico il telefono, dimentico gli appuntamenti. Chi la ama una donna così?»

Si ferma a respirare, chiude gli occhi. Se fosse una persona diversa, se avesse alle spalle una storia famigliare più affettuosa, allora probabilmente ora starebbe piangendo. Certo, forse, se avesse avuto una vita diversa, ora non sarebbe assalita da tutte queste insicurezze allo stesso tempo.

«E poi ascolta», riprende, di nuovo semi nascosta sotto le lenzuola, «sono stufa di questa storia che noi siamo un'élite e ce la facciamo sempre e comunque e dunque ora non mi resta che andare avanti. Basta. Hai capito? Basta! Voglio fare come Emily Dickinson d'ora in poi, mi vestirò solo di bianco e non uscirò mai più dalla mia stanza. Ordinerò solo cinese take away e vivrò una vita felice guardando film in streaming. Tu pensi che io stia scherzando, ma ascolta... alle volte bisogna essere realisti, sapere quando gettare la spugna. Io non ci riesco, fine della questione.

«Non sono capace, questa storia-non-storia mi sta dando molta più ansia che gioia. Mi vengono alla mente solo scenari apocalittici. Se andrà male, che cosa mi dirò per riprendermi? Come mi potrò guardare allo specchio?

«Lo so che il mio discorso ti fa incazzare perché sto rinunciando alla vita vera, come diresti tu, ma devi accettare che non siamo tutti delle fatine con una corolla di palle come te, alcuni di noi sono solo esseri umani!»

Vera la guarda gelida.

«Guarda, bella, vorrei anche risponderti. Ma mi vengono solo parolacce in mente. Ma ti rendi conto della marea di cazzate che stai raccontando? A parte che la scusa dell'"io non ce la faccio' è molto comoda, mi rifiuto di scendere al tuo livello e non voglio nemmeno iniziare con questo discorso.

«Ma anche al di là di quelle che racconti a me, le cazzate che racconti a te stessa dove le mettiamo? Hai lasciato che Adriano rovinasse la tua vita negli ultimi anni, e glielo permetti anche ora?

«Hai un'opportunità per essere felice, fosse anche per mezz'ora, fosse anche veramente solo per il tempo di una scopata, e la butti via così... Perché decidi di trasferirti a vivere nella tua stanza, perché tu sei sbagliata? Ma poi che cosa credi... di esserci solo tu al mondo?

«Ma chi cazzo credi di essere, per pensare che tu sei così speciale da essere l'unica sbagliata, e noi cosa credi che siamo? Perfetti?»

Respirano tutte e due. Vera la guarda contrariata ed esce dalla stanza sbattendo la porta. Poco dopo, Cecilia la sente uscire di casa e capisce che deve essere davvero arrabbiata. Nemmeno questo riesce a scuoterla dal torpore in cui è immersa, è troppo sconvolta da sensazioni diverse per riuscire a sentirne davvero almeno una, tantomeno il dispiacere per la lite con Vera. Si sente rassegnata, tutto le pare inevitabile.

17

CECILIA indossa una camicia da notte bianca, lunga fino ai piedi, i capelli biondi perfettamente in ordine, raccolti in una lunga treccia. Ha un'aria leggermente vittoriana in questo momento, seppur tradita dal tecnologico smartphone che tiene in mano come un'estensione del proprio corpo. Appoggia delicatamente i piedi a terra, le unghie dipinte di rosso. Si veste in silenzio, prendendo in prestito dei vestiti da Vera: un paio di jeans che le vanno stretti e una camicia azzurra dal taglio maschile.

La casa è provvista di un ottimo impianto stereo, così finalmente può ascoltare il tanto agognato jazz di sottofondo e lasciare che le note si diffondano armoniosamente per tutto l'appartamento. Una volta raggiunta la cucina, si prepara un caffè; una moka sarebbe poetica, ma le darebbe il mal di stomaco, è quindi ben felice di trovare un caffè a cialde, altro elemento moderno di questa domenica mattina.

Con il caffè in mano e parecchi biscotti ad aiutarla a schiarirsi le idee, si raggomitola su uno degli sgabelli posti di fronte all'isola centrale della cucina. Sarebbe il momento perfetto per chiamare Giulio, e come sarebbe tutto facile allora, se il cuore, la mente, lo stomaco e le farfalle andassero d'accordo e lei potesse essere in pace.

Senza lasciare nemmeno un messaggio a Vera, esce silenziosamente per strada e si avvia in stazione. Vuole salire su un treno, ma non riesce a decidere la meta. Seduta a un bar, sorbendo l'ennesimo caffè della mattinata, ripensa alla propria infanzia, a quante volte, quando aveva undici anni, è stata in questa stessa stazione con Irene, la sua migliore amica di quei tempi.

Insieme prendevano un treno per andare a Marina di Massa, dove trascorrevano le vacanze estive sotto le amorevoli cure di zia Rosa. Allora la chiamavano la «zia zitella», oggi sarebbe definita una cinquantenne in carriera.

Una donna piena di vita e di amore per le due ragazze e per la bellissima località marittima, dove aveva una vecchia casetta ereditata dalla nonna.

Le loro estati erano costituite da un tramonto dietro l'altro, giorni che si ripetevano uguali in modo rassicurante, come se tutto il mondo fosse racchiuso in quel piccolo e meraviglioso paese, per le vie del quale le due bambine erano libere di correre, andare in due sulla loro unica bicicletta, e scappare dalla sorveglianza della zia, per fare laute merende, rigorosamente di nascosto, al bar della via principale.

Quel ricordo le fa provare finalmente qualcosa, una sensazione di calore. Si rende conto che ha bisogno di recarsi in un luogo che le sia familiare, che la faccia sentire al sicuro e le mostri al di là di ogni dubbio che può riemergere, felice, dall'altra parte.

È così che acquista un biglietto per la stazione di Massa Centro.

Una volta salita sul treno, si siede vicino al finestrino, senza rimpiangere per niente la propria solitudine, anzi, assaporandola piano. Non riesce però a dimenticarsi dei recenti accadimenti.

Vera la chiama incessantemente, mentre Giulio accenna solo un timido messaggio, chiaramente confuso riguardo alla situazione. Lei, per tutta risposta, mette il cellulare in modalità silenziosa, si infila le cuffie nelle orecchie e tira fuori una perla della sua adolescenza arrabbiata, Articolo 31: *Un'altra cosa che ho perso.*

Prende un libro dalla borsa e comincia a leggere un romanzo. È abituata a svolgere almeno due attività contemporaneamente, ma in questo istante persino lei è sovrastimolata, sta bevendo, sta viaggiando, sta ascoltando la musica, sta leggendo, ma soprattutto, si sta raccontando delle storie.

È tutto semplice, non c'è nessun problema. Non sono

tagliata per l'amore, non fa per me. Ma non importa, c'è così tanto altro nella vita.

Beve un sorso d'acqua e continua con la lunga fila dei propri pensieri.

Adesso ricomincio a dipingere, vorrei disegnare un sole che si alza da un mare infuocato e maestoso, un'alba come ho sempre sognato vederne. Un quadro che segni la mia rinascita.

Il paesaggio le scorre a fianco, veloce e imperterrito, mentre lei rimane come distaccata da tutto, immersa nel suo libro. Tutte le strade che non ha preso nella propria vita le hanno insegnato a proteggersi dalle delusioni, dai pericoli. Il livello di distacco che riesce a simulare ora, ed eventualmente anche a percepire, non è comune ma ha talmente tanta paura che dalla relazione con Giulio possano derivare altre delusioni che riesce a infilare il pensiero di lui in un cassetto profondissimo della propria mente e chiuderlo a chiave.

La sua storia, il suo passato, la sua vita l'hanno resa così distaccata da dirsi subito che sì, così va bene.

In fondo, ha nella sua vita un'amica come Vera, con la quale ha un rapporto davvero speciale, e non è forse quella la vera fortuna nella vita? Trovare qualcuno di cui ti fidi più di te stesso, al cui bene tieni più che al tuo, qualcuno che ti guardi dritto negli occhi anche quando sarebbe meglio guardare altrove, qualcuno che sa sempre chi sei.

Mentre viaggia e osserva il paesaggio scorrere veloce oltre il finestrino, le viene il dubbio che questo viaggio improvviso sia una sorta di fuga dalla realtà.

Tuttavia, più che abbandonare la vita, le pare di essere in procinto di ritrovarla in modo nuovo, come non l'ha mai avuta prima. Finalmente libera dai giudizi e dalle influenze altrui, farà solo ciò che desidera fare senza essere più prigioniera di una vita prefabbricata.

Siamo tutti destinati a qualcosa e non ad altro, la storia di Vera lo dimostra chiaramente. Ecco perché, probabilmente, in due anni di matrimonio con Adriano non sono mai arrivati dei bambini: non era nel suo destino.

Nonostante questo, Cecilia ci ha creduto tanto, ci ha messo tanto cuore. Ha desiderato a lungo andarsene, ma non ci è riuscita, perché il pensiero di interrompere il suo sorriso la spezzava.

È riuscita per anni ad amare senza amare. Può essere fredda e razionale, ora, nel tagliare qualcuno fuori dalla propria vita per proteggersi, ma allo stesso tempo ha messo tanto cuore in tutto. Magari la vita avesse senso, magari ne avessimo noi.

Sente che non sta davvero fuggendo, sta solo ritrovando il destino da cui era scappata anni prima. Si rincuora, si sente coraggiosa, piena di energia, lanciata verso il futuro.

Sull'onda di questi pensieri, il treno arriva in stazione. Cecilia si alza, prende lentamente il bagaglio dalla cappelliera per poi avviarsi verso l'uscita.

Sulla banchina si rende conto di non avere un piano, così, senza sapere che fare, si ritrova a chiedere una sigaretta a uno sconosciuto, come se potesse aiutarla a riflettere meglio, magra illusione.

Seduta su una panchina, cerca un Bed & Breakfast grazie al suo smartphone, trova un posto che la ispira, e decide di telefonare per vedere se hanno posto. Le risponde un uomo che le sembra avere sulla sessantina; con una voce calda, di cuoio, le dice sì, certo che hanno posto. Senza altri indugi, allora si alza, prende un taxi e si fa portare verso quella che per le prossime settimane sarà la sua unica casa.

18

Il taxi la rigurgita poco dopo su un marciapiede poco accogliente. Cecilia rimane un po' a indugiare per strada con la sua valigia in mano, indecisa sul da farsi. Infine, decide che almeno dall'esterno l'albergo le piace, ha un'aria rassicurante. Non si sbaglia: appena entrata, viene accolta dai proprietari, una coppia sulla sessantina, che subito la accolgono festosi. Considerando quanto di rado capitino clienti fuori stagione, non è difficile immaginare la loro gioia.

L'allegria dei proprietari è contagiosa e la riscalda, si sente come se fosse arrivata a casa di lontani parenti, di quelli che non vedi mai ma sono sempre pronti ad accoglierti con una cioccolata calda e una fetta di torta. E infatti Cecilia si ritrova a fare merenda con la proprietaria, mentre il marito porta la valigia nella sua stanza.

«Sai già quanto ti fermerai, cara?» le chiede Paola con dolcezza.

«Non ne ho idea», risponde lei, colta in contropiede. «In realtà sono venuta qui per riflettere, suppongo che starò un paio di settimane...»

«Una lunga riflessione.»

«Dipende dai punti di vista.»

«Saggia ragazza...»

«Saggia donna, vorrai dire.»

«Dipende dai punti di vista!»

«Touchée! Vado a vedere la stanza se non ti dispiace, sono molto curiosa!»

«Certo, ma scendi a cena con noi... Alle otto?»

«Sei troppo gentile, Paola. Ci penso, promesso!»

Salita in camera, Cecilia si accascia sul letto.

Fa partire dal suo cellulare la playlist musicale più triste della storia e si accoccola su se stessa, lasciandosi cullare dalla tristezza.

Si rende conto che, per la prima volta da anni, non sarà costretta a chiamare Adriano, un pensiero che in qualche modo la fa sentire più leggera, ma rendersene conto la fa sentire un'ipocrita, il che non aiuta. Quindi, punto a capo, torna di nuovo a compatirsi.

Dopo tre giorni trascorsi mollemente tra il letto e la sala da pranzo del B&B, giorni durante i quali stringe un'affettuosa amicizia con i proprietari, decide che è ora di telefonare a Vera. Le costa un certo coraggio, perché è consapevole di essere in torto e teme di essere rifiutata.

Si decide a comporre il numero. Il telefono squilla per un tempo che le pare infinito, finché, dall'altra parte, risponde una voce squillante: «Finalmente, Ceci!»

Lei tira un sospiro di sollievo.

«Ti stavo lasciando un po' di tempo per sbollire... Ce n'è voluto, però!»

«Ma no, Vera, avevo solo paura che ti fossi offesa, e ne avresti avute tutte le ragioni... Mi dispiace per come mi sono comportata.»

«Non preoccuparti, siamo amiche e per questo io devo rispettare le tue decisioni anche quando non le condivido. Piuttosto... adesso sono curiosa, dove sei finita? Che cosa stai facendo?»

«Non so bene nemmeno io come sia successo, ma l'altro giorno, uscita da casa tua, ho capito che desideravo cambiare aria. Non volevo rimanere incastrata in una città popolata di Adriani e di Giuli che mi aspettavano a ogni angolo di via. E poi... non so, ho bisogno di pensare. Non che abbia riflettuto molto in questi giorni, in realtà ho provato più che altro tristezza per me stessa.»

Silenzio di disapprovazione dall'altra parte.

«Però oggi ho deciso di spezzare questa catena e andare a comprare gli strumenti per gli acquarelli e dipingere un po', è una vita che non mi dedico alle mie passioni!»

«Questa è una buona notizia! Sai che cos'altro lo è?»

Attesa.

«Mi ha chiamato Giulio, mi ha detto di aver finalmente trovato il coraggio di parlare con sua moglie e di ribellarsi alla sua pseudo-tirannia, in pratica si sono separati. Lui sta vivendo nel suo studio ed è molto contento. Gli manchi da impazzire, ma è convinto di doverti lasciare il tuo spazio – sai, lascia libero chi ami e se non torna non è mai stato tuo, e tutte quelle cazzate... Io ovviamente ho cercato di convincerlo che lui è il principe azzurro e deve venire a salvarti, ma questi uomini moderni... La parità dei sessi solo quando gli fa comodo, va be'... A ogni modo, pensavo la notizia ti potesse interessare, sbagliavo?»

Dall'altro lato, Cecilia sbuffa scocciata. «Certo che non ti sbagli! Non pensare che, solo perché me ne sono andata, quello che è successo con Giulio non abbia avuto alcuna importanza: io ho provato delle emozioni pazzesche con lui e per lui, che non solo non provavo da anni, ma probabilmente non avevo mai provato prima. Però non mi sento di poter chiudere una storia così lunga e gettarmi subito dentro a un'altra... mi sembra assurdo.»

«Ricordati però, Ceci, che certi momenti sono da prendere al volo, ogni istante in cui resti lì, rischi che lui trovi un'altra, o piuttosto che decida di tornare dalla moglie che, per quanto piuttosto indignata, lo riprenderebbe al volo!»

«Tutti *se*... Io ora devo fare quello che sento essere giusto per me stessa, e se poi con Giulio non si concretizzasse mai nulla, vorrà dire che non erano rose, e dunque non son fiorite...»

«Credo che la tua sia paura. Brava tu che cerchi di raccontarmela, ma non credere che io mi beva la storiella di te in ritiro meditativo. A ogni modo, sono felice di sapere che hai intenzione di dedicarti alla pittura, un po' di creatività potrebbe aiutarti a disfarti di tutto questo panico di sbagliare che ti porti dentro.»

«Tu non preoccuparti, Vera... Vedrai che ne esco, da questa cosa, e ne esco vincente. Come piace a te!»

«Non c'è dubbio, cara! Ci sentiamo presto, un grosso abbraccio.»

Conclusa la conversazione, Cecilia rimane in camera a fissare il muro senza davvero pensare troppo, poi si siede al tavolo e inizia a «pasticciare con gli acquarelli», come definisce la propria velleità artistica.

Ha deciso di ricominciare dagli acquarelli e non dagli olii per praticità, più semplici da trasportare e meno ingombranti, ma anche perché è una tecnica che in questa fase rispecchia di più il suo desiderio di colori tenui, di toni diluiti, di azzurri che diventano trasparenti, di colori che si sovrappongono ad altri in infinite ghirlande concentriche.

Ha voglia di cose delicate, perché, nonostante tutto, l'essere stata buttata fuori da quella che era la sua vita sebbene non la soddisfacesse più... be', è un duro colpo da accusare.

Gli amici che non chiamano, il telefono che non squilla, tutto per un semplice motivo: quegli amici non erano suoi, non lo erano mai stati. Non che lei non lo sapesse, ma un conto è sapere qualcosa e un altro è sentire, vivere qualcosa. Sapere qualcosa non denota automaticamente l'esserne consapevole: se c'è una lezione che Cecilia sta imparando, è questa.

Compra un mazzo di fiori, dei tulipani colorati, e ricomincia da lì. Da un mazzo di fiori in un vaso trasparente, al centro di un tavolo di legno, nella stanza di un Bed & Breakfast, in una cittadina di mare che è forse l'unico posto che la riporti alla sua adolescenza, alla sua infanzia.

È in questi posti che ci si puliscono le ferite no? Nei luoghi in cui ci siamo formati, dove abbiamo imparato a camminare sulle nostre gambe e a essere indipendenti. Quale posto lo rappresenta meglio se non quello dove passavamo le nostre estati al mare? Le prime serate fuori senza i genitori, i primi coprifuochi, rigorosamente non rispettati, i primi baci, le prime infatuazioni. Le prime volte in cui ci si trucca, ci si guarda allo specchio e dai, forse ci si piace persino un po'. Il periodo del mare estivo durante l'adolescenza è quella fase in cui si prende un po' confidenza con una vita nostra, che non appartiene più al dominio dei genitori.

Forse per scelta inconscia, Cecilia desidera ritrovare un po' di calore dove le hanno lasciato invece molto freddo.

Il pomeriggio trascorre mentre lei dipinge tulipani su tulipani in infinite variazioni di colore, esercitandosi per riprendere confidenza con questo strumento che trascura da tanti anni.

Infine, si addormenta di colpo, senza aver cenato, finalmente rilassata per la prima volta dalla sera della festa.

19

*A*PRO *gli occhi di scatto. Ci metto un po' a realizzare dove sono, per un attimo mi sembra di essere ancora a casa nostra e cerco istintivamente Adriano con la mano.*

È come avere un arto fantasma nel letto, so che lui non c'è, ma è come se ne avvertissi la presenza. Mi accorgo che sono le cinque. Diciamo che questo non è il più brillante dei risvegli: con le palle abbastanza girate, mi alzo dal letto e mi vesto, decisa a uscire a fare due passi, perché onestamente, di restare a letto fino alle otto a rimuginare, non ho nessuna voglia. In più, essendomi addormentata senza cena, ho una discreta fame al momento.

Infilati un paio di jeans a caso e un maglione un po' pesante per proteggermi dal vento mattutino, scendo le scale che portano alla reception dell'albergo, dove con mia sorpresa trovo il signor Luigi, il proprietario, anche lui sveglio e in procinto di uscire. Lo guardo sospettosa: «Signor Luigi, che cosa ci fa pronto a uscire a quest'ora?»

«La stessa domanda potrei fargliela io, signorina Cecilia, ma si dà il caso che io stia andando a caccia di albe», e indica una reflex che pende dal suo fianco.

«Che meraviglia!» esclamo io trasognata.

«Accompagnami, giovanotta, che ti insegno qualcosa. Se non sulla fotografia, almeno sulle albe e i tramonti.»

Io acconsento di buona voglia e, mentre camminiamo per raggiungere il lungomare, ci fermiamo da un fornaio per un pezzo di focaccia. Questi sono i momenti in cui ricordo che non importa quanti problemi tu abbia, la vita è qualcosa di straordinario.

Ci sediamo sulle sdraio del Bar Mauro. *Manca circa mezz'ora all'alba e io e il signor Luigi iniziamo una piacevole conversazione.*

«Che cosa ti porta qui in questo periodo dell'anno, per giunta da sola?»

Rimango frastornata da quanto la domanda sia diretta, potrei cogliere l'occasione al volo e vomitare su questo ingenuo signore tutto quello che ho per la testa e tutto ciò che mi spaventa, ma sto cercando di lasciare che faccia tutto la pancia. Ho lasciato da parte i miei pensieri e sto aspettando che la risolvano loro, ho deciso che questo è il mio nuovo modo di vivere la vita da adulta, lasciar fare all'istinto.

Rispondo con vaghezza: «Mah, è un periodo molto confuso, non è proprio che io debba prendere delle decisioni, piuttosto devo capire alcune cose, che cosa voglio da alcune situazioni».

Luigi riflette un attimo, mentre impugna la macchina fotografica e inizia a scattare un po' di fotografie a me, un po' al cielo che si sta facendo sempre più rosa, un po' alle prime persone che vede passeggiare per strada, e senza alcun preavviso inizia a raccontarmi una storia.

«Ho conosciuto Paola quando aveva ventisette anni, era bella, ma proprio bella, con una nota stonata sul viso però, un tratto di malinconia che male si accompagnava ai suoi lineamenti così eleganti e delicati. Io all'epoca lavoravo il marmo nei cantieri, lei faceva la cameriera in un bar, e ben presto presi l'abitudine di andarci tutte le mattine per la colazione. Non ci volle molto perché iniziassi a informarmi della sua situazione, e capii subito che non sarebbe stato facile. Non solo la bella Paola era cinque anni più grande di me...»

Non posso fare a meno di sorridere di fronte a quest'affermazione che gli esce di bocca come se si fosse trattato di un impedimento assurdo.

«...Tu sorridi, ragazza mia, ma erano altri tempi... Per una ragazza di ventisette anni, interessarsi a un ragazzo più giovane era considerato poco serio. Non solo, scoprii presto anche il motivo di quella nota di rammarico su quel bel viso: la giovane Paola era rimasta vedova e con ben due bambini neonati; ora viveva in casa con i suoi genitori, ma era una situazione pesante per tutti. Per i suoi che, anziani, dovevano sottostare perennemente ai ritmi di due bambini così piccoli, e per lei, che doveva

crescere quei bimbi da sola e per giunta sotto il controllo della famiglia.»

Restiamo così, seduti uno di fronte all'altra, lui con le sue rughe profonde come un vecchio divano di pelle e io con i miei pensieri aggrovigliati.

Finché il signor Luigi riprende: «Però fui preso da una grandissima passione per quella ragazza: non per la sua fragilità, ma per la sua forza, la sua capacità di presentarsi al bar a lavorare tutto il giorno con un marito morto e due marmocchi a casa, e sì, magari veniva con il sorriso leggermente storto, ma nessuno l'aveva mai sentita lamentarsi.

«La corteggiai a lungo, e iniziammo una relazione clandestina che durò parecchi anni, fino a che i suoi figli non furono grandi e i genitori di lei non furono morti. Poi, finalmente, dopo una vita di attesa, l'anno scorso ci siamo sposati, alla bella età di sessantacinque anni, dopo essere stati innamorati per una vita».

Lo guardo sorpresa. Nel vederli al Bed & Breakfast non mi sarei mai immaginata una così lunga storia d'amore e di attesa tra i due.

Si dice che chi ti ama ti sa aspettare, e pare che il signor Luigi ne sia la prova.

«Te lo dico perché ti vedo giovane e bella, e secondo me le tue magagne sono sentimentali. Sai, alla mia età si pensa di poter aiutare tutti o che tutti siano disposti ad ascoltarti, soprattutto i giovani, perdonami l'invadenza... Ma la mia storia era per dirti che l'amore non

deve essere facile, e la vita non deve essere standard. Mia moglie, vedova a ventisette anni e con due figli, per l'epoca era condannata a una vita infelice e da zitella. Io le ho riempito la vita in silenzio, di nascosto dal paese, ma ti posso assicurare che, anche se non convenzionale, è stata una vita molto felice. Alla fine, la vita, tu provi a impostarla, a darle una direzione, ma lei è testarda, fa ciò che vuole, anzi, fa ciò che le capita, disfa i piani e lì rifà cento volte. Non è colpa nostra, il nostro compito è semplicemente fare il meglio che possiamo con le carte che ci sono capitate e, soprattutto, avere il coraggio di pescare la carta vincente, di non lasciarla sul tavolo per paura di non saperla giocare bene.»

Che cosa rispondi a un discorso così? Nulla. Lo lasci affondare dentro di te, lasci che metta radici e pensi.

20

CECILIA dà un bacio veloce sulla guancia al signor Luigi. Gli dice che deve scappare, ma che gli è infinitamente grata per la lezione.

«Ma quale lezione e lezione...» protesta lui. Lei si fa seria, gli prende le mani tra le sue e dice: «No, no. Questo non è il momento di fare il modesto, ti ringrazio davvero. Con il cuore».

Come se le parole del signor Luigi avessero risvegliato qualcosa in lei, si mette a camminare sul lungomare, avanti e indietro. A vederla da fuori sembra indecisa: fa tre grandi passi in avanti, poi scuote la testa e torna indietro, per cambiare di nuovo direzione.

Dopo qualche minuto batte le mani una contro l'altra, come un applauso muto, o forse per darsi coraggio. Non si sa.

Torna a grandi passi al B&B, entra, spalancando la porta con entusiasmo, tanto che Paola, china sul bancone all'ingresso, solleva lo sguardo sorpresa, colpita dalla sua energia.

«Paola, è il giorno, me ne vado!»

«Di già?»

«Sì, sì, ho già perso troppo tempo...»

«In che senso?»

«Sì, sì. Ho già perso troppo tempo, mi chiami un taxi intanto che prendo i miei bagagli? E speriamo ci sia subito un treno per Roma.»

«Ma è successo qualcosa?» le chiede Paola accigliata.

«Certo, certo, è successo che ho capito! Ho perso più di trent'anni a vivere una vita che non mi somiglia, e che nemmeno vorrei. Adesso devo andare a prendermi la vita che voglio... e parto da lui.»

«Ah...»

Paola ci pensa un po', poi le dice, con il suo adorabile accento toscano: «Ma che poi torni?»

«Sì, sì, torno, te lo prometto!»

Le dà un bacio in fronte, sale veloce le scale e infila tutto in valigia, con fretta, appallottolando i vestiti.

Incredibile come il tempo che le era sempre scorso comodo attraverso le vene adesso le sia stretto, passi troppo lento. Lei è ancora a Marina di Massa ma deve essere già a Roma; ogni secondo che la allontana da Giulio a questo punto le sembra insensato, perché ha deciso, ha deciso di giocare le sue carte.

Sale sul taxi e poco dopo si ritrova seduta sul treno.

Si tormenta le mani mentre aspetta che quel treno

testardo si decida a partire, dieci minuti di ritardo le sembrano dieci minuti di inferno.

Finalmente il treno inizia a muoversi, Cecilia sospira di sollievo, anzi, espira a lungo, come qualcuno che lascia finalmente andare un grosso peso.

Prende il telefono dal soprabito rosso e gli manda un messaggio.

Arrivo.

Ringraziamenti

RINGRAZIO la mia famiglia e i miei amici. Un grazie particolare a Giulia Bassi per avermi aiutata e incoraggiata. Inoltre ringrazio chi mi ha detto che stavo sbagliando tutto, perché solo quando qualcuno ci insinua il dubbio abbiamo la possibilità di alzarci e dire: «No, non sono d'accordo». È una sensazione che auguro a tutti di poter provare.

Finito di stampare presso Grafica Veneta S.p.A.
Via Malcanton, 2 – Trebaseleghe (PD)
Printed in Italy

Prova d'acquisto
978-88-200-6785

Buchtipps

Baker, Douglas, *Die astrale Projektion*, Spigno Saturnia 1997

Brennan, James, *Astralprojektion – Anleitung zu außerkörperlicher Erfahrung*, Freiburg (4) 2000

Brennan, James, *Time Travel: A New Perspective*, St. Paul 1997

Buhlman, William, *Out of Body – Astralreisen, das letzte Abenteuer der Menschheit*, München 2001

Buhlman, William, *Secrets of the Soul – Astralreisen, Wege zu unserer wahren Natur*, München 2003

Crookall, Robert, *The Mechanisms of Astral Projection*, Moradabad 1969

Frost, Gavin und Yvonne, *Astral Travel*, London 1982

Green, Celia, *Out-of-the-Body Experiences*, Oxford 1968

Leadbeater, Charles W., *Astralebene*, München 1980

McCoy, Edain, *Astral Projection for Beginners*, St. Paul 1999

Monroe, Robert A., *Der zweite Körper*, München 2002

Monroe, Robert A., *Über die Schwelle des Irdischen hinaus*, München 2002

Muldoon, Sylvan, Carrington, Hereward, *Die Aussendung des Astralkörpers*, Freiburg (10) 2000

Phillips, Osborne; Denning, Melita, *The Llewellyn Practical Guide to Astral Projection*, St. Paul 1979

Rogo, Scott, *Leaving the Body: A Complete Guide to Astral Projection*, Englewood Cliffs 1983

Slate, Joe, *Astral Projection and Psychic Empowerment: Techniques for Mastering the Out-of-Body Experience*, St. Paul 1998

Webster, Richard, *Astral Travel for Beginners*, St. Paul 1998

Über den Autor

Osborne Phillips beschäftigt sich bereits seit 36 Jahren mit paranormalen Phänomenen und Okkultismus. Mit der jüngst verstorbenen Melita Denning hat er zahlreiche Bücher über Magie und übersinnliche Erfahrungen veröffentlicht.

Die anerkannte Autorität in den mystischen Traditionen des Westens war gleichzeitig Schüler von U Maung Maung Ji, einem Schüler Mahatma Gandhis. Auch mit der Philosophie von C. G. Jung ist Phillips in hohem Maße vertraut. Seit er 16 wurde, ist er Mitglied des esoterischen Ordens *Aurum Solis*. Er lebte einige Zeit in den USA, kehrte dann jedoch in sein Heimatland England zurück.

Wenn Sie mit dem Autor Kontakt aufnehmen möchten, schreiben Sie bitte (in englischer Sprache) an:

Osborne Phillips
c/o Llewellyn Worldwide
P. O. Box 64383, Dept. 0-7387-0279-X
St. Paul, MN 55164-0383, USA